종가의 제례와 음식 10

안동김씨 보백당 김계행 종가
진원박씨 죽천 박광전 종가

종가의 제례와 음식 10
안동김씨 보백당 김계행 종가 · 진원박씨 죽천 박광전 종가

국립문화재연구소 편

1판 1쇄 인쇄 2006. 12. 20.
1판 1쇄 발행 2006. 12. 28.

발행처 도서출판 월인
발행인 박성복
기획 박상국(국립문화재연구소 예능민속연구실장)
글 김경선 · 최숙경
사진 서현강

등록번호 제6-0364호
등록일자 1998. 5. 4.

서울특별시 강북구 수유2동 252-9 우편번호 142-879
전화번호 02)912-5000, 팩시밀리 02)900-5036

값은 표지에 있습니다.
ISBN 978-89-8477-346-2 04900
89-8477-297-6 (세트)

홈페이지 http://www.worin.net
이메일 worinnet@hanmail.net

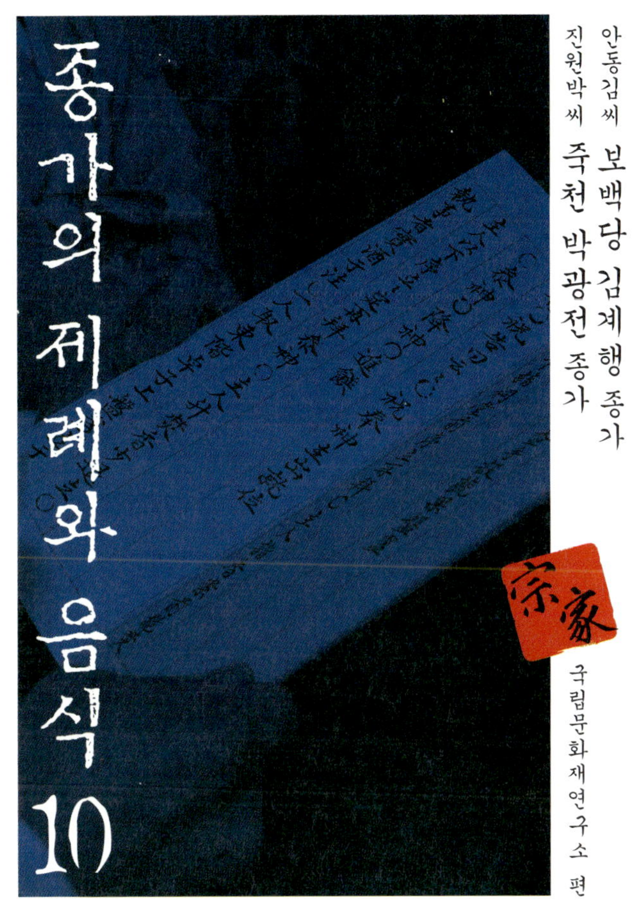

도서출판 월인

종가의 제례와 음식 시리즈를 발간하며

이 책은 사라져 가고 있는 우리의 소중한 종가문화를 고집스럽게 지켜 가고 있는 명문 종가의 '전통제례와 음식문화'를 사실 그대로 조사 · 기록하여 전통문화의 생생한 전승자료로 활용하기 위해 기획되었다.

우리가 '종가의 생활문화'에 주목하는 것은 종가가 우리 문화의 근본이라 할 수 있는 유교문화의 전승주체이기 때문이다. 그러므로 종가문화에 대한 면밀한 기록 · 보존이 선행될 때 우리는 서구화의 거센 문화적 변화에도 능동적으로 대처할 수 있는 기반을 마련할 수 있을 것이다.

다행스럽게도 우리 주변에는 문묘文廟, 종묘宗廟, 서원 등에 배향되어 있는 명유名儒의 종가들이 불천위 제사, 묘제, 길제 등의 전통적인 봉제사奉祭祀 풍속을 지켜 가고 있어 우리 문화 보존의 좋은 본보기가 되고 있다. 따라서 국립문화재연구소에서는 전통적인 생활양식이 급격히 사라져 가고 있는 상황에서 더 늦기 전에 종가의 생활문화에 대한 종합적인 조사연구를 실시하여 이들이 전승하고 있는 전통제례의 봉행과정과 제사음식 등 종가문화의 실상을 기록하기로 뜻을 모았다.

『종가의 제례와 음식』 10권 「안동김씨 보백당 김계행 종가 · 진원박씨 죽천 박광전 종가」 편에서는 불천위 제사와 묘제의 제례 봉행과정 전반과 제사음식의 종류와 조리과정 등을 사진과 함께 상세히 수록하여 종가 제례문화의 현장을 생생히 볼 수 있도록 제작하였다.

전통의 재현물이 진정한 전통문화의 현장을 대신하고 있는 상황에서 『종가의 제례와 음식』이 우리의 전통문화유산을 이해시키고 전승시켜 나가는 데 기초자료로 활용되기를 기대한다.

2006년 12월

국립문화재연구소

차례

안동김씨 보백당
김계행 종가

안동김씨 보백당

김계행 종가

吾家無寶物 寶物惟淸白

우리집에는 보물이 없나니, 있다면 오직 청백뿐이다

제1장

보백당 김계행 종가의 내력

보백당 김계행

생애

김계행金係行(1431~1517)은 조선 초기의 문신으로 청백리로 이름난 선비이다. 자는 취사取斯요, 호는 보백당寶白堂이며 본관은 안동으로 고려개국공신 삼태사 김선평의 후예이다.

1431년(세종 13) 2월 9일 안동부 풍산현 불정촌 본가에서 비안현감을 지낸 김삼근의 차남으로 태어났다. 어머니는 삭령감무를 역임한 김전의 딸이다.

그는 10세에 글을 배우기 시작하여 14세에 현감으로 있던 아버지의 임지인 비안향교에 입학하였다. 17세(1447)에 생원회시에 합격하였고 그해에 이천서씨 부인에게 장가들었다. 22세(1452)에 증광동당시에 제2인자로 뽑혔으나 이듬해에 부인 서씨와 사별하였다. 24세(1454)에 사헌부지평 남상치의 따님인 의령남씨와 재혼하였다.

31세(1461) 가을에 동당초시에 합격하고 성균관에 들어가 학문에 정진하였다. 이듬해 봄에 귀향하였다가 성주향교 교수에 임명되었다. 당시 장조카이며 출가하여 국사가 된 학조學祖[1]가 성주로 그를 찾아왔다. 그 때 목사가 사람을 보내어 보백당을 관아로 불렀으나 그는 가지 않았다. 학조가 숙부에 대한 결례를 뉘우치고 찾아 뵈었더니, 보백당은 "너는 임금님의 은총만 믿고 함부로 교만하게 군다."고 호되게 꾸짖고 매로 다스려 피가 날 정도였다고 한다. 이윽고 학조는 지방의 하급관리로 있는 숙부에게 벼슬길을 주선해 볼 심산으로 의중을 떠보자 보백당은 단호히 거절하였다.

41세 때에 점필재 김종직과 함께 『주역』과 『근사록』을 강론하면서 도의지교를 맺었다. 44세에 충주향교의 교수에 임명되어 아들 극인으로 하여금 묵계에 우거케 하였다. 교수직의 임기를 마치고 잠시 묵계에 들렀다가 풍산 사제의 옛집으로 갔다. 그해 겨울 점필재 김종직이 내방하였고 다음 해에는 보백당이 상산(지금의 상주)으로 점필재를 방문하였다.

1480년(성종 11) 50세의 늦은 나이에 식년동당시에 급제하여 6품직에 올랐다. 이때 서울 집으로 점필재가 내방하였다. 52세에 고령현감에 임명되었는데 외직에서 청렴하고 자애로운 선정을 베풀고, 매사를 신속히 처리하여 몇 달이 지나지 않아 고령 고을에 교화가

1_ 학조는 조선 전기의 승려로 세조의 두터운 신임을 받았으며 많은 불경을 번역, 간행하였으며, 1488년(성종 19)에는 인수대비의 명으로 해인사를 중수하는 등 우리나라 불교문화 발전에 공헌한 스님이다. 속리산 복천암 뒤 산록에 그의 부도가 남아 있다. 최근에 보물 제1418호로 지정된 복천암학조등곡화상탑이 그것이다.

이루어지며 기강도 세워지게 되었다. 이 당시 점필재는 보백당에게 『몽시』 1수와 『증별시』 2수를 주는 등 두 사람의 교분이 두터웠다.

다시 내직으로 들어가 홍문관, 사헌부, 사간원 등 삼사의 청직을 두루 거치며 청렴과 충간으로 공직생활을 일관하였다.

62세에 통정대부(정3품 당상관)로 승진하여 승정원동부승지, 성균관대사성, 사간원대사간, 홍문관부제학 등의 요직을 두루 역임하였으나 성종 20년(1489) 연산군 생모 윤비의 폐비사건 이후로 정국이 혼미해지자 63세(1493)에 모든 관직을 사임하고 낙향하여 풍산과 묵계를 오가며 한가한 생활을 하였다.

68세 되던 1498년(연산군 4) 풍산 사제의 언덕에 작은 정자를 짓고 '보백당'이라 편액하고 학문연구와 생도들의 훈육에 전념하였다. '보백당'은 일찍이 그가 쓴 시에서 '우리집에는 보물이 없나니, 있다면 오직 청백뿐이다(吾家無寶物 寶物惟淸白)'라는 구절에서 따온 것이라고 한다.

그해에 무오사화가 일어나 사림이 화를 입고 보백당도 이에 연루되었다는 혐의를 받고 전후 세 차례에 걸쳐 체포 구금되어 옥고를 치르는 등 속박과 고통을 받았지만 다행히 큰 화는 면하였다.

71세(1501)에는 묵계로 거주지를 옮겨 묵계 하리 송암폭포 위에 '만휴정'을 지었다. 1506년 중종반정으로 연산군이 폐위되었다는 소식을 듣고 "이는 분명히 국가대계에서 일어난 일지만 10년이나 섬겼던 신하로서 어찌 슬프지 않겠느냐."며 눈물을 흘렸다고 한다.

1517년 81세로 생애를 마감하면서 자손들에게 이르기를 '청백을 가법으로 이어가고, 공근을 대대로 지켜가며, 부모에게 효도하고 형제끼리 우애를 지켜 화목하라(家傳淸白 世守恭謹 孝友敦睦)', '교만이나 경박한 행동으로 가문의 명성을 떨어뜨리지 말라. 상제는 정성과 경건을 다하고, 낭비나 허례를 하지 말라(喪制惟在誠敬 勿務爲豊侈)'고 유언하였다.

1706년(숙종 32) 사림에서 묵계서원을 세우고 옥계 응계와 함께 병향하였다.

1858년(철종 9) 가선대부 이조참판에 증직되었으며, 다시 그 이듬해 자헌대부 이조판서로 가증加增되고, 1863년(철종 14)에는 '정헌定獻'이라는 시호가 내렸다. '정定'은 '행실이 순수하며 어긋나지 않음(純行不爽曰定)'을 뜻하고, '헌獻'은 '충성을 다하여 덕을 쌓았음(嚮忠納德曰獻)'을 의미한다.

1909년(융희 3) 부조지전不祧之典의 칙명을 받았다.

종가마을 및 유적

소산마을

안동김씨(후안동김씨)는 시조 김선평의 10세손 김삼근이 비안현감(현재의 의성)에서 물러나면서 소산마을에 처음 입향하여 삶의 터전을 이루었으므로 그 후손들을 비안공파라 한다. 비안공은 두 아들을 두었는데 맏아들 김계권은 한성부 판관을 지냈고, 둘째가 보백당 김계행이다.

김계권은 다섯 아들을 두었는데 맏이는 출가하여 세조 때의 고승 학조대사가 되고, 둘째 영전은 감찰, 셋째 영균은 진사, 넷째 영추는 부사, 막내 영수는 사헌부 장령과 영천군수를 지냈다. 막내인 김영수의 아들 3형제 중 맏이인 영과 둘째 번이 모두 문과에 올라 이때부터 중앙에 진출하여 명문의 토대를 이룩하는데, 특히 둘째 김번의 후손들은 서울 장동의 청풍계(지금의 청운동)에 세거하게 된다.

소산마을 전경

이후 장동파는 크게 번성하여 청음 김상헌(1570~1652)의 자손 중에는 왕비가 셋, 임금의 사위가 둘, 정승이 15명, 판서가 51명, 관찰사가 46명, 시호를 받은 이가 49명이나 되는 영광과 권세를 누린다. 이에 반하여 김영의 후손들은 소산으로 낙향하여 텃밭을 지키며 고고하게 살아왔다. 지금도 소산마을에는 큰종가인 비안공구택(돈소당 : 경상북도 문화재자료 제211호)과 안동김씨종택(양소당 : 경상북도 민속자료 제25호) 등의 문화재들이 남아 있다.

안동김씨 세계도

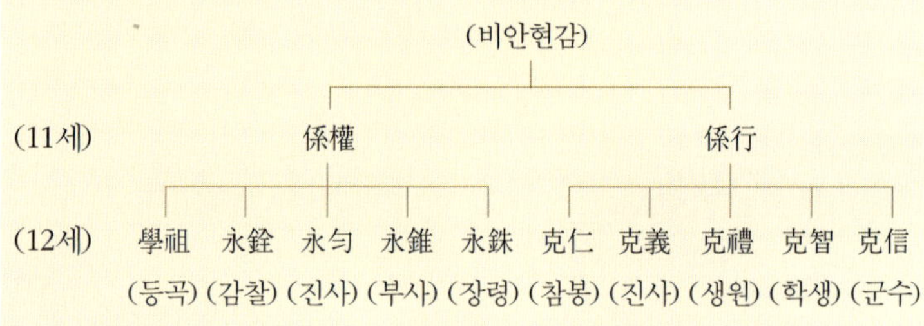

묵계마을 및 보백당 종택

김계행은 소산에서 묵계로 이주하여 안동김씨 묵계파의 입향조가 된다.

보백당은 안동부 풍산현 불정촌에서 태어났으나 후에 부친 김삼근이 소산마을로 이주하여 그곳에서 성장하였다. 오늘의 묵계인 거묵居默에 처음 생활 근거를 마련한 것은 30세 되던 1460년(세조 6)이다. 거묵은 안동부 길안인데 산림이 울창하고 수석이 절승하여 일찍이 이곳을 내왕하면서 항상 이 운치깊은 자연을 동경하여 오다가 이 때에 처음 농막을 짓고 만년의 휴식처로 삼은 곳이다. 처음 이곳에 터를 잡은 때로부터 545년이 된다.

45세 충주교수 재임시에는 장남 극인으로 하여금 묵계에 살게 하였고 임기를 마치고는 잠시 묵계에 들렀다가 풍산 사제笥堤(설못)의 옛집으로 돌아갔다. 50세에 급제한 후 관직에 나아가서는 서울에서 거주하였고, 63세에 낙향하여 풍산과 묵계를 오가며 살았다. 무오사화의 풍상을 겪고 난 후 71세에 만휴정을 짓고 완전히 묵계에 입향하여 지금 19대까지 500년이 넘게 후손들이 세거하고 있다.

보백당 종택은 안동시 길안면 묵계1리에 있다. 안동에서 35번 국도를 따라 동남쪽으로 24km 쯤 내려가면 길안면 소재지인 천지리가 나오고 여기서 다시 6km 쯤 더 내려가면 묵계리가 나온다.

보백당 종택 전경

마을 입구 도로 옆에 묵계1리(선항)이라고 쓴 표지석이 세워져 있다.

묵계는 '서낭댕이, 구마이'라는 다른 이름도 가지고 있다. '서낭댕이'는 성황당(동신당)이 있는 마을이라는 뜻과 그 땅의 형세가 절묘하여 신선의 터라는 의미를 담고 있기 때문에 일명 '선항당'이라 불리우기도 한다. 그리고 '구마이'는 '구만리'라고도 한다. 옛날에 어떤 도사가 이 마을에 아홉 가구만 살면 모두 잘 산다고 하여 '구만九滿'이라 불렀다고 한다.

그 후 어떤 선비가 늦게까지 국화꽃이 피는 따뜻하고 살기 좋은 곳이란 의미로 '국만리菊晩里'로 개칭했다고도 한다. 한편, 『영가지』에는 이곳의 지명을 '거무역'으로 기록했으나 1500년(연산군 6) 보백당 김계행이 만년에 벼슬에서 물러나와 우거하면서부터 이곳을 묵계라고 칭했다고 한다. 이는 보백당이 송암폭포 위에 '만휴정'을 짓고 정자 앞에 흘러가는 물을 보고 묵계라고 한데서 비롯하였다.

마을 뒤쪽에는 계명산을 진산으로 하여 앞쪽에는 금학산과 황학산이 에워싸고 있고 마을 앞으로는 묵계동천 맑은 물이 흘러 가거지로서 길지를 이루고 있다.

보백당종택은 대문칸인 행랑채와 본채, 그리고 별채인 보백당과 사당으로 이루어져 있다. 행랑채는 중앙에 솟을대문으로 두고 좌우측면에 방을 꾸민 정면5칸, 측면 1칸의 맞배지붕집이다. 솟을대문을 들어서면 정면에 본채가 동향하여 서있고, 왼쪽에 별채인 보백당이 남향하여 위치하고 있다. 본채는 앞쪽에 사랑채와 뒤쪽에 안채가 정면 6칸, 측면 6칸으로 'ㅁ'자형으로 연결되어 있다. 보백당은 종택의 별채 건물로 조상의 제사를 모시는 제청으로 사용하고 있다. 제청은 정면 3칸, 측면 2칸의 팔작지붕으로 왼쪽 2칸은 마루이고 오른쪽 1칸은 온돌방으로 되어 있다.

마루에는 전면에 한말의 서예가로 이름난 동농 김가진이 쓴 '보백당' 이란 편액이 걸려 있다.

사당은 정면 3칸의 측면 2칸의 맞배지붕 건물로 본채의 왼쪽에 위치하고 있다.

묵계서원

묵계서원은 보백당 김계행과 응계 옥고(1382~1436)의 위패가 봉안된 서원으로 길안면 묵계리에 있다. 1687년(숙종 13)에 지방유림의 공의로 처음 설립되었고 1706년(숙종 32) 묘우인 청덕사에 위패를 봉안하였다.

묵계서원은 1869년(고종 6) 서원 철폐령에 따라 훼철되었다가 1925년에 강당과 문루인 읍청루 등 일부 건물들을 중건하였으며, 1998년 유림에서 현재의 위치에 복원하여 두 분의 위패를 모시게 되었다.

사당은 청덕사, 강당은 입교당, 누는 입청루, 재는 극기재이며 문은 진덕문이다.

강당은 정면 5칸, 측면 2칸의 팔작지붕 건물이며 가운데 3칸은 마루를 꾸미고 좌우에는 온돌로 되어 있다. 서원의 왼쪽에는 서원을

묵계서원 전경

사당의 모습

관리하는 주사가 있고, 오른쪽 언덕에는 보백당의 신도비와 비각이 건립되어 있다.

서원은 경상북도 민속자료 제19호로 지정되어 있다.

제2장

보백당 김계행 종가의 제사

불천위제사

보백당종가의 제사는 보백당 김계행의 불천위제사를 비롯하여 종손의 4대친에 대한 기제사가 있고 설날과 추석명절에 지내는 차례와 음력 10월 묘소에세 지내는 묘제가 있다.

설날 및 추석차례는 묵계종택의 사당에서, 불천위제사는 제청에서 지낸다.

4대 조상의 기제사는 현재 종손이 거주하고 있는 대구에서 지낸다.

기제사는 고인이 돌아가신 날에 지내는 제사로서 고조부까지 4대를 지내기 때문에 4대봉사라고 한다. 봉사자의 세대가 바뀌면 5대조의 신주는 모셔내어 묘소에 매안하고 사당에는 항상 불천위와 4대조의 신주만 봉안하게 된다.

묘제는 음력 10월에 19대조 이하 모든 조상을 대상으로 묘소에서 지낸다. 보백당은 10월 12일 예천군 호명면 직산(피실)에 있는 묘소에서 올린다.

묘제는 묘소가 위치하고 있는 지역별로 재장齋長과 유사有司의 주관하에 시행한다. 재장과 유사는 묘소의 관리 및 제수 준비 등 묘제에 관한 일체의 업무를 맡아 처리한다. 재장과 유사는 1년 단위로 선임하며 재장은 묘제 때에 초헌관이 된다.

불천위제사는 기제사의 특수한 형태이다. 불천위란 4대를 지나도 사당에서 신주를 옮기지 않고 자손대대로 영원히 제사를 받들어 모시는 신위를 말한다. 신주를 조매하지 않고 계속 봉사한다고 하여 부조묘라 부르기도 하며 불천위를 모시는 사당을 부조묘라고 한다. 불천위는 별묘를 지어 따로 모시기도 하고, 4대 조상을 모시는 가묘에 감실을 하나 추가하여 가장 서쪽의 상위에 모시기도 한다.

불천위에는 나라에서 인정한 '국불천위'와 유림에서 공론으로 발의하여 천거한 '유림불천위' 또는 '향불천위'가 있다. 국불천위는 국가에 큰 공헌을 한 공신을 비롯하여 문묘에 배향된 유현, 절의가 뛰어난 충신 및 공적이 탁월한 신료 등이 그 대상이 되었다. 따라서 나라에서 불천위를 인정받는 것은 그 후손과 가문의 영광이며 권위의 상징이 되었다.

예로부터 추로지향鄒魯之鄕이라 일컬어지는 안동지방에는 불천위로 인정받은 분이 모두 47위로 조사되어 있는데 보백당도 그 중의 한 분이다.

보백당은 사후 392년 되는 1909년(융희 3) 대한제국 궁내부에서 부조지전의 칙명을 받았다. 다음해 경술국치를 당하였으니 조선조에서 마지막으로 내린 국불천위인 듯하다.

勅命

贈吏曹判書定獻公金係行

特施不祧之典事

隆熙三年 二月 五日

大勳宮內府大臣 閔丙奭奉

命宣

2004년은 보백당이 1517년(중종 12) 87세로 세상을 떠난 때로부터 487주기가 되며 현 종손 김주현 옹(75세)은 19대손이 된다.

제례일시 및 장소

보백당의 불천위제사는 기일인 2005년 1월 26일(음력 12월 17일) 오후 8시에 묵계종택의 제청에서 비위와 합설하여 지낸다. 비위의 기일에는 따로 지내지 않는다고 한다. 시간은 원래 기일 첫 새벽에 지냈으나 원지에서 참석하는 제관들의 편의를 위하여 4년 전부터 파제일 저녁 시간으로 변경하여 지내고 있다.

제청(보백당)은 묵계종택의 별채 건물로 종가에서는 '대청大廳'이라고 부른다.

종가의 대문을 들어서면 마당 왼쪽에 남향하여 서 있는 건물이다. 정면 3칸, 측면 2칸의 팔작지붕 건물로 왼쪽 2칸은 마루이고 오른쪽 1칸은 온돌방으로 되어 있다. 마루에는 전면에 '보백당'이란 편액과 안쪽에 '보백당중건상량문'이 게판揭板되어 있다. 보백당 편액은 한말의 서예가로 이름난 동농 김가진의 글씨이다.

집사분정

이날 낮부터 불천위대제에 참례하기 위하여 도착하는 제관들은 먼저 사랑에 계시는 종손에게 인사를 드리고 시도록에 이름과 연령(생년간지), 거주지 등 인적 사항을 등재한다.

저녁 7시쯤 제관들은 제청의 오른쪽 방에 모여 집사분정을 했다. 이 날 대청마루에서는 보백당 선조의 행적을 기록한 영상물을 시청

제관들이 모여 집사분정을 하고 있다.

하면서 선조의 청백정신을 추모하는 특별행사가 있었다. 조상의 제삿날 자손이 함께 모여 조상을 추모하며 청백가문의 후예로서 선비정신을 되새기고 족친 간의 유대와 결속을 다지는 행사였다.

제관들이 종손을 중심으로 둘러앉아 시도록을 참조하여 각 소임에 적합한 인사를 선임하여 분정표를 작성하였다. 저녁 때까지 시도록에 등재된 제관은 40여명이었다. 작년만 해도 100명 가까이 참례하였다고 하는데, 올해는 전날 밤에 내린 눈 때문에 길이 미끄러워 원지에 살고있는 후손들은 거의 오지 못했다. 작년 시도록에는 부산, 밀양, 창녕, 울산 등지에 살고 있는 후손들의 명단이 보이는데 올해는 길안, 임하, 풍산 등 가까운 안동지역의 후손들이 대부분이었다.

초헌관은 당연히 종손인 김주현 옹이 되고 아헌관은 주부가 되는데 이름은 쓰지 않고 공란으로 비워 두었다. 종헌관은 고위와 비위 두 분에게 각각 잔을 올리도록 세 분을 선정하였다. 항렬과 연령이 높은 후손들에게 헌작의 기회를 주기 위한 배려에서였다. 축관과 찬자는 한학과 예법에 밝은 후손 중에서 적임자를 선임한다. 축관은 16대손 김승진 씨(69세)가 선임되었고, 찬자는 종손의 재종숙되는 김재동 씨(72세)가 담당키로 하였다. 출주시에 주독를 모시는 봉독집사는 신위가 3위이기 때문에 세 분을 선임하였다. 분정표는 한지에 종서로 묵서하여 제청 오른쪽 방의 북면에 게시하였는데 그 내용은 다음과 같다.

甲申十二月十七日
定獻公位忌祀時執事

初獻官	金青顯
亞獻官	
終獻官	金炳熙
	金玉根
	金振顯
祝	金昇鎭
贊者	金宰東
陳設	金喆圭
	金昇漢
	金安圭
奉櫝	金熹東
	金倫鎭
	金羲東
奉香	金春東
	金仁漢
奉爐	金壽年
	金晩漢
奉爵	金熙鎭
	金奭漢
奠爵	金亨漢
	金勳鎭
司尊	金自漢
	金仲東
奉盤	金輝鎭
	金宗漢
	金相東

金秀鎭
金裕漢
金暻漢
金模漢

原

제청준비

집사 분정이 끝나면 바로 제구와 제기들을 법식에 따라 설치한다. 먼저 제청의 마루와 방을 구획하고 있는 분합문을 들어올려 걸개에 걸어 개방하고 방의 동벽에 병풍을 친다. 제청의 동벽은 사당을 향

제청을 준비하는 모습

하게 되는데 자연방위는 동쪽이지만 의례상으로는 북쪽이 된다. 병풍 앞에 교의 3좌를 놓고 그 앞에 제상을 설치한다.

제상 위에는 양쪽 끝에 촛대를 놓고 제상 앞에는 향안을 마련한다. 향안 위에는 왼쪽에 축판을, 오른쪽에 향로와 향합을 올려놓는다. 향안 앞에는 모사와 퇴주기를 놓고 오른쪽에는 술병을 준비해 둔다.

진설

저녁 8시경, 찬자贊者의 '主人以下盛服盥手設蔬果盤盞'이라는 창홀과 함께 진설이 시작된다. 찬자는 제례의 순서를 적은 홀기笏記를 읽는 사람으로 집례執禮라고도 하며 행사를 진행하는 사회자의 역할을 한다.

진설을 담당하는 집사들이 안채에 준비되어 있는 제수를 제청으로 날라 제상 옆에 차례로 정렬해 놓는다. 제수는 저녁이 되기 전에 종류별로 작은 소반에 차려 진설하는 순서대로 정돈해 놓았다.

촛대에 불을 켜고 제상의 가장 안쪽에 시접과 잔반을 올려놓는다. 수저 세 벌을 올려놓은 시접은 제상의 왼쪽 가장자리에 놓고 잔반은 3위의 교의 앞에 각각 하나씩 배열하여 놓는다.

먼저 제상의 맨 앞줄에 과실부터 차린다. 기본과실 네 가지는 조율이시의 순서로 놓는데 대추와 밤은 왼쪽 끝에, 배와 감은 오른쪽 끝에 벌려 놓고 그 사이에 다른 과실과 조과를 배열하여 놓는다. 땅

제상을 차리기 위해 제물을 나른다.

제물을 차리는 모습

콩, 호두, 조과, 수박, 사과, 토마토, 귤 등 모두 13품이나 된다. 그 뒷줄에는 좌우에 포와 식혜를 좌포우혜로 벌려놓고, 그 사이에 숙채와 자반을 놓는다. 숙채는 흑채, 청채, 백채의 삼채를 놓고 자반은 미역을 사용하였다. 다음은 육탕, 어탕, 소탕의 삼탕을 놓고 그 뒤에 도적과 어육을 진설한다. 도적은 어적(鱗) · 육적(毛) · 계적(羽)을 차례로 쌓은 적첩으로 중앙에 놓고, 좌우에 어육을 놓는데, 대육은 쇠고기, 대어는 돔배기를 재료로 하였다. 대육의 왼쪽에 면을 놓고, 대어의 오른쪽에는 편을 놓는데, 편틀은 너무 크고 무거워 제상 오른쪽 밑에 소반을 놓고 따로 차려놓았다. 편은 밑에 본편으로 시루떡을 15켜를 괴고, 그 위에 경단, 부편, 잡과편, 전, 조악 등 다섯 가지를 웃기로 얹었다.

제례 본절차

출주出主

진설이 끝나면 조상의 신위를 모시기 위해 사당으로 가서 신주를 모셔오는 출주의례를 행한다. 원래는 주인(종손)이 출주를 고하여야 하지만 이날은 종손이 몸이 불편하여 차종손이 대행하였다. 차종손이 축관과 봉독 집사 3인과 함께 사당으로 간다. 사당 외문의 동문으로 들어가 묘우 앞에 자리를 깔고 함께 재배하고 난 다음 사당 안으로 들어가 출주고사를 한다.

사당은 종택의 오른쪽에 위치하고 있는데 정면 3칸, 측면 1칸의 맞배지붕 건물이다. 내부는 정면 뒤쪽에 시렁을 달아 감실을 설치하고 맨 오른쪽(의례상의 서쪽)을 원위(불천위)로 하여 차례로 고조고위, 증조고위, 조고위, 고위의 순서로 모셔져 있다.

원위의 감실 앞에는 제상과 향안이 마련되어 있다.

차종손과 집사들은 사당 안으로 들어가 제상 위에 촛대를 올려놓고 감실의 문을 연다. 감실 안에는 소형의 문비門扉 모양의 주독이 모셔져 있다. 차종손이 향안 앞에 꿇어앉아 분향하고 나면 축관이 왼쪽 옆에 서서 출주고사를 읽는다.

今以
금이

顯先祖考行通政大夫弘文館副提學知製教兼經筵參贊官
현선조고행통정대부홍문관부제학지제교겸경연참찬관

春秋館修撰官贈資憲大夫吏曹判書兼知經筵義禁府
춘추관수찬관증자헌대부이조판서겸지경연의금부

春秋館事弘文館大提學藝文館大提學知成均館事五衞
춘추관사홍문관대제학예문관대제학지성균관사오위

都摠府都摠管諡定獻公府君 遠諱之辰 敢請
도총부도총관시정헌공부군 원휘지신 감청

顯先祖考贈資憲大夫吏曹判書諡定獻公府君
현선조고증자헌대부이조판서시정헌공부군

顯先祖妣贈貞夫人利川徐氏
현선조비증정부인이천서씨

顯先祖妣贈貞夫人宜寧南氏神主 出就廳事 恭伸追慕
현선조비증정부인의령남씨신주 출취청사 공신추모

지금 현선조고 통정대부 홍문관부제학 지제교 겸 경연참찬관 춘추관수찬관 증자헌대부 이조판서 겸 지경연 의금부 춘추관사 홍문관대제학 예문관대제학 지성균관사 오위도총부도총관 시정헌공부군의 기일을 맞이하여 현선조고 증자헌대부 이조판서 시정헌공부군과 현선조비 증정부인 이천서씨 및 현선조비 증정부인 의령남씨의 신주를 청사로 모셔 공경히 추모하는 뜻을 펴고자 합니다.

출주고사가 끝나면 주독을 열고 3위의 신주를 내어 따로 준비되어 있는 공독에 각각 옮겨 넣어 봉독 집사들이 두 손으로 가슴에 감싸 모시고 제청으로 돌아와 교의 위에 각각 모신다.

출주고사를 하는 모습

출주고사가 끝난 후 신주를 꺼내고 있다.

단설單設 · 합설合設 · 각설各設

조상의 제사를 모실 때 돌아가신 한 분 만을 모시면 단설이라 하고 그 배우자와 함께 모시면 합설이라 한다. 예서에서도 주자의 『가례』에는 단설로, 정자의 『제례』에는 합설로 나와 있어 그 이론적 근거를 달리하고, 우리나라에서도 지방과 가문에 따라 다르게 적용하여 많은 논란이 되어 왔다. 기제사는 돌아가신 날 지내는 제사이므로 이론상으로는 기일에 해당하는 한 분만 모시는 것이 올바른 예로 되어 있으나, 우리나라에서는 예의 근본은 인정에 있다 하여 두 분을 함께 모시는 합설로 지내는 것이 관행으로 되어 왔다.

합설의 경우에도 신주를 한 교의에 모시고 제수를 한 상에 차리느냐 아니면 각각 다른 제상에 따로 차리느냐에 따라 합설과 각설로 구분된다. 각설은 모든 제사 음식을 신위의 수대로 완전하게 따로 진설하는 반면, 합설의 경우에는 메와 갱, 면(국수)과 편(떡), 그리고 잔반만 따로 올리고 나머지 제수는 공통으로 차린다.

이 종가에서는 합설이기 때문에 고위의 기일이지만 비위 2위를 함께 모시고 메와 갱, 잔반은 각각 세 벌을 올린다.

봉독 집사들은 주독을 교의 위에 각각 올려놓고 계독啓櫝한다. 신주는 청홍색의 덮개韜藉로 씌워져 있는데 고위는 청색, 비위는 홍색으로 되어 있다. 덮개를 벗기면 신주 전면 중앙에 신위의 속칭屬稱, 즉 봉사자와의 친속관계, 관직 및 시호 등이 한줄로 종서되어 있고 왼쪽 아래에 봉사자의 이름이 적혀 있다.

고위 顯先祖考通政大夫弘文館副提學知製敎兼經筵參贊官春秋館修撰官贈資憲大夫吏曹判書兼知經筵義禁府事春秋館事弘文館大提學藝文館大提學知成均館事五衛都摠府都摠管謚定獻公府君神主

孝玄孫胄顯奉 祀

비위 顯 先 祖 妣 贈 貞 夫 人 利 川 徐 氏 神 主

孝玄孫胄顯奉 祀

顯 先 祖 妣 贈 貞 夫 人 宜 寧 南 氏 神 主

孝玄孫胄顯奉 祀

배위는 이천서씨와 의령남씨 두 분이다. 보백당은 17세에 현감 서운의 딸 이천서씨와 결혼하였는데 서씨부인은 두 딸을 낳고 6년 후에 일찍 세상을 떠났다. 첫째 딸은 찰방 박눌에게 출가하여 다섯 아들이 모두 문과 급제하였고, 둘째 딸은 하회의 류자온에게 출가하였는데, 류자온은 서애 류성룡의 증조부이다. 외손들이 번창하였다. 24세에 다시 사헌부 지평 남상치의 딸 의령남씨와 결혼하여 극인, 극의, 극례, 극지, 극신 다섯 아들을 낳았다.

참신參神

주인 이하 후손들이 조상을 맞이하는 의식으로 참례자 모두 함께 두 번 절한다.

일반적으로 신주를 모시고 제사를 지낼 때에는 참신을 먼저 하고, 지방紙榜으로 제사를 지낼 때에는 강신을 먼저 하고 참신을 한다. 신주는 조상의 영령이 깃들어 있는 신체神體로 생각하기 때문이다.

참신 재배함으로써 선조의 기일에 조상신과 자손 간의 해후가 이루어지는 것이다.

강신降神 · 진찬進饌

하늘과 땅에서 조상의 혼백을 인도하는 의식이 강신례이다. 향을 사루어 하늘에 있는 혼魂(양기)을 부르고, 강신술을 모사에 부어 땅 속의 백魄(음기)을 인도하여 혼백을 합치시키는 상징적인 의례이다. 주인(종손)은 신위전에 나아가 분향하고 좌우 집사들의 도움으로 강신술을 받아 모사에 붓고 두 번 절한다. 종손은 건강이 좋지 않아 거

분향

강신술을 받아 모사에 붓는다.

동이 불편한데도 의관을 정제하고 제사를 주재하였다.

강신례가 끝나면 진찬을 한다. 조상신이 강림하였으므로 더운 음식을 올리는 2차 진설 절차이다. 메와 갱을 신위전의 잔반 좌우에 반서갱동으로 각각 올린다.

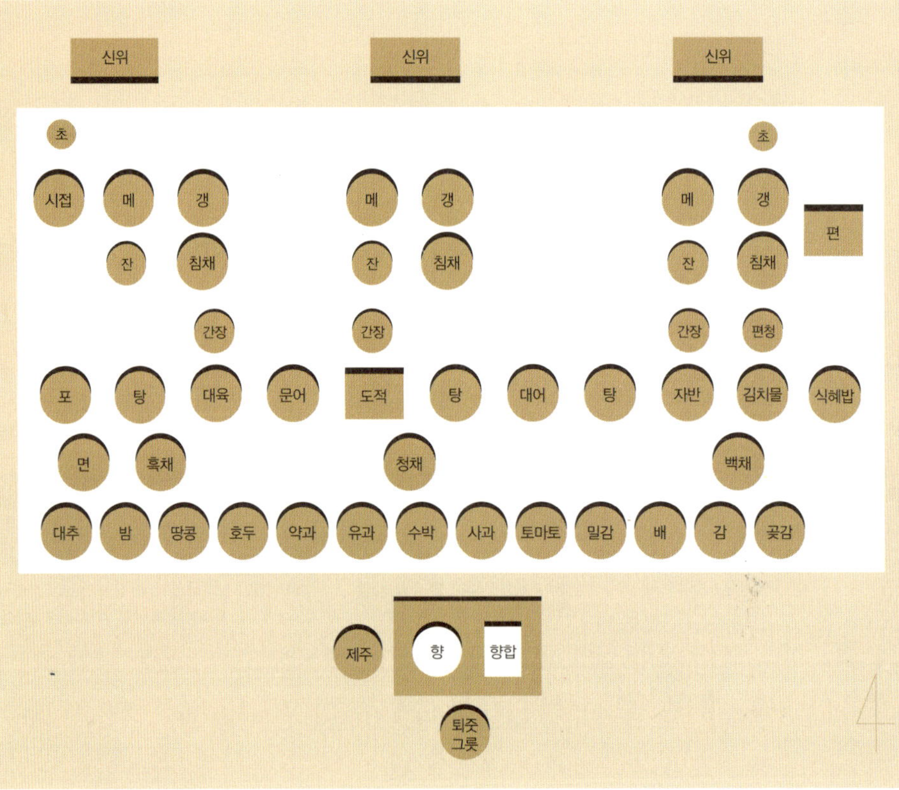

불천위제사 진설도

초헌初獻

초헌은 신위께 첫 번째 잔을 올리는 순서로 초헌관은 당연히 주인이 된다.

초헌관이 향안전에 나아가 꿇어앉으면 좌집사가 고위전의 잔을 내려 초헌관에게 주고 우집사가 술을 따른다. 초헌관은 잔을 향로 위로 들어 올렸다가 좌집사에게 주고 집사는 신위전에 올린다. 이어서 비위전에도 같은 방법으로 술을 올린다. 비위가 두 분이기 때문에 모두 석 잔의 헌작이 끝나면 집사들은 메의 뚜껑을 연다(계반개).

이어서 축관은 향안 위에 있는 축판을 들고 주인의 왼쪽에 동향하여 꿇어앉아 축문을 읽는다. 이때 참사자들은 모두 부복한다.

축관이 축문을 읽고 있다.

維歲次甲申十二月甲午朔十七日庚戌
유세차갑신십이월갑오삭십칠일경술

孝玄孫胄顯 敢昭告于
효현손주현 감소고우

顯先祖考行通政大夫弘文館副提學知製敎兼經筵參贊官
현선조고행통정대부홍문관부제학지제교겸경연참찬관

春秋館修撰官贈資憲大夫吏曹判書兼知經筵義禁府春
춘추관수찬관증자헌대부이조판서겸지경연의금부춘

秋館事弘文館大提學藝文館大提學知成均館事五衛都
추관사홍문관대제학예문관대제학지성균관사오위도

摠府都摠管諡定獻公府君
총부도총관시정헌공부군

顯先祖妣贈貞夫人利川徐氏
현선조비증정부인이천서씨

顯先祖妣贈貞夫人宜寧南氏 歲序遷易
현선조비증정부인의령남씨 세서천역

顯先祖考贈資憲大夫吏曹判書諡定獻公府君 諱日復臨
현선조고증자헌대부이조판서시정헌공부군 휘일부림

追遠感時 不勝永慕 謹以淸酌庶羞 恭伸奠獻 尙
추원감시 불승영모 근이청작서수 공신전헌 상

饗
향

갑신년 12월(초하루의 간지는 갑오) 17일(간지는 경술), 효현손 주현은 선조고 통정대부 홍문관부제학 지제교 겸 경연참찬관 춘추관수찬관을 역임하시고 자헌대부 이조판서 겸 지경연 의금부 춘추관사 홍문관대제학 예문관대제학 지성균관사 오위도총부도총관에 증직되신 정헌공 부군과 선조비 증정부인 이천서씨 및 선조비 증정부인 의령남씨께 감히 고하옵니다. 해의 차례가 바뀌어 선조고 증자헌대부 이조판서 정헌공부군 기일이 다시 돌아오니, 지난 날의 감회가 깊고 깊어 추모하는 마음 금할 길이 없습니다. 이에 삼가 맑은 술과 여러가지 음식을 차려 제향을 올리오니 흠향하시옵소서.

축문 낭독이 끝나면 주인은 일어나 두 번 절하고 제자리로 돌아간다. 집사들은 신위전의 잔을 내려 퇴주기에 비우고 다시 제자리에 올려놓는다.

아헌亞獻

아헌은 신위께 두 번째 술잔을 올리는 의식이다. 『가례』를 비롯한 예서에서는 부부공제夫婦共祭의 정신에서 아헌은 주부가 하는 것으로 규정되어 있으나, 보통 주인의 형제들이나 가까운 친지 중에서 대신하기도 한다.

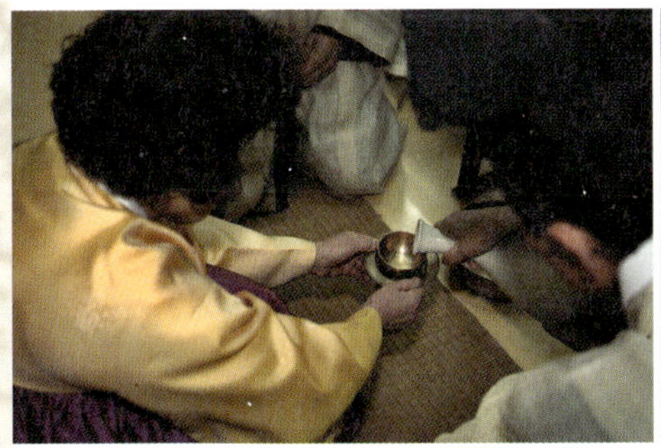

종부가 술을 올리기 위해 술잔을 채우고 있다.

술을 모두 올리면 재배한다.

아헌례는 초헌 때와 같은 절차로 진행되는데 독축이 없는 것만 다르다.

종부 순천김씨가 노랑 저고리에 자색 치마를 곱게 차려입고 향안 전에 나아가 석 잔의 술을 올리고 재배하였다. 아헌이 끝나면 집사들은 다시 잔을 내려 철주한다.

종헌終獻

종헌은 신위께 세 번째 잔을 올리는 순서인데, 초헌, 아헌 때와 달리 3위의 신위께 각각 헌작하기 위하여 헌관 세 분이 선임되었다. 임하면 오대리에 살고 있는 14대손 김병희 씨(77세)와 길안면 천지리에 살고 있는 13대손 김옥근 씨(71세), 그리고 풍산읍 소산리에서 온 방손 김진현 씨(69세) 세 분이 맡았다. 모두 항렬과 연세가 높은 후손들이다.

헌관 셋이 함께 3위의 신위전에 나아가 집사들이 따라주는 술을 받아 각각 한 잔씩 올린다. 이때에는 신위전에 올리기 전에 술을 퇴주기에 세 번에 나누어 조금씩 제하고 올린다. 다음 순서인 첨작을 위하여 미리 제작除酌을 하고 전작奠爵한다. 세 헌관이 일어나 함께 절하고 제자리에 돌아간다.

홀기에는『가례』등 예서에서 정한 대로 초헌, 아헌, 종헌 세 번의 헌작 때에 모두 좨주祭酒(제지모상祭之茅上)하는 것으로 되어 있으나 실제 행례 때에는 좨주하지 않고 종헌 때에 제작하는 것으로 진행하였다.

종헌이 끝난 후에는 철주하지 않고 다음 유식 순서로 넘어간다.

유식侑食 · 합문闔門 · 계문啓門 · 진다進茶

유식은 신위께 식사를 권유하는 의미로 첨작添酌과 삽시정저揷匙正箸를 한다. 첨작은 종헌시에 올린 잔에 술을 가득 채우는 것을 말하고 삽시정저는 숟가락을 메에 꽂고, 젓가락을 시접 위에 가지런히 놓는 것을 말한다.

주인이 향안전에 나아가 꿇어앉으면 좌집사가 고위전의 메뚜껑을 내려 주인에게 주고 우집사는 술을 따른다. 좌집사는 잔을 받아 신위전의 술잔에 나누어 첨작하고, 좌우집사는 삽시정저한다. 주인은 일어나 재배하고 자리에 돌아간다.

다음은 신이 조용히 식사하도록 합문한다. 집사들은 걸개에 걸어놓은 분합문을 내려 문을 닫고, 제관들은 모두 대청마루에 나와 부복한다. '일식구반경'이라 하여 밥을 아홉 숟갈 뜨는 동안 경건한 마음으로 엎드려 조상을 추모한다. 잠시 후 축관이 일어나 세 번 기침을 하면 모두 일어나 다시 문을 들어 걸개에 걸어 계문한다.

진다는 식사가 끝났으므로 차를 올리

삽시정저

첨작

주부가 진다를 위해 국그릇을 비우고 있다.

는 순서이다. 우리나라에서는 차가 귀하였기 때문에 차 대신에 숭늉을 올리는 것으로 관례화되어 왔다. 주부가 국그릇을 비우고 물을 붓고 정성껏 받들어 올린다. 집사들은 숭늉의 의미로 숟가락으로 밥을 세 번 떠서 물에 말고 숟가락은 물그릇에 자루를 서쪽으로 하여 걸쳐놓는다.

이어서 제관들은 모두 잠시 허리를 굽혀(국궁) 조용히 묵념한 후 평신한다.

다음은 축관이 주인에게 이성利成을 고한다. 주인은 동쪽에서 서향하여 서고, 축관은 서쪽에서 동향하여 마주 서서 읍을 하고 '이성'이라고 한다. 예서에서 '이利는 봉양함이요, 성成은 마침이니, 조상신을 봉양하고 예가 끝났음을 의미하는 것이다'라고 설명되어 있다. 예가 끝났으므로 메뚜껑을 닫고 수저를 내려 시접 위에 정돈한다.

사신辭神

모든 예가 끝났으므로 신을 보내드리는 의식이다. 주인 이하 모

분축

출주한 절차를 역으로 하여 폐독한 신주를 납주한다.

두 두 번 절한다.

축관은 축문을 태우고 신주는 주독을 폐독하여 사당에 봉환한다. 납주納主는 출주의 역순으로 봉독 집사들이 신주에 도자를 씌우고 폐독하여 사당으로 들어가 원래의 주독에 옮겨 감실에 봉안한다. 출주와 납주시에 사당 출입은 외문이나 묘우 모두 중문으로 출입한다.

집사들은 제상의 제수를 철상하여 안채로 날라 음복상을 준비한다.

●진설陳設

主人以下盛服盥手設蔬果盤盞(주인이하성복관수설소과반잔)

주인 이하 모두 예복을 갖추고 손을 씻고 소과와 반잔을 진설하시오

●출주出主

主人以下詣祠堂前序立再拜(주인이하예사당전서립재배)

주인 이하 모두 사당 앞에 가서 늘어서서 두 번 절하시오

○主人詣香案前跪焚香(주인예향안전궤분향)

주인은 향안전에 나아가 꿇어앉아 향을 사르시오

○祝告曰云云(축고왈운운) 축은 출주고사를 하시오

○祝奉神主出就位(축봉신주출취위) 축은 신주를 받들어 청사로 나아가시오

●참신參神 · 강신降神 · 진찬進饌

○主人以下序立入定再拜參神(주인이하서립입정재배참신)

주인 이하 모두 참신재배하시오

○主人升焚香少退立(주인승분향소퇴립)

주인은 나아가 분향하고 조금 물러서시오

○執事者實酒于注(집사자실주우주) 집사자는 술을 주전자에 채우시오

○一人取東階卓子上盤盞立于主人之右(일인취동계탁자상반잔입우주인지우)

집사자 일인은 반잔을 들고 주인의 오른쪽에 서시오

○一人取執注立于主人之左(일인취집주입우주인지좌)

집사자 일인은 주전자를 들고 주인의 왼쪽에 서시오

○主人跪(주인궤) 주인은 꿇어앉으시오

○執事者亦跪進盤盞(집사자역궤진반잔)

집사자도 꿇어앉아 반잔을 주인에게 주시오

○主人受之(주인수지) 주인은 반잔을 받으시오

○執事者斟酒于盞(집사자침주우잔) 집사자는 잔에 술을 따르시오

○主人左手執盤右手執盞灌于茅上(주인좌수집반우수집잔관우모상)

주인은 왼손으로 잔대를 잡고 오른손으로 잔을 들어 모사에 부으시오

○以盤盞授執事者(이반잔수집사자) 반잔을 집사자에게 주시오

○俯・伏・興・再拜(降神)(부・복・흥・재배)

엎드렸다가 일어나 두 번 절하시오(강신)

○降復位(강복위) 제자리에 돌아가시오

○執事者設饌如儀(집사자설찬여의) 집사자는 진찬하시오

●초헌初獻

主人升詣香案前(주인승예향안전) 주인은 향안전에 나아가시오

○執事者執注立于其右(집사자집주입우기우)

집사자는 주전자(술병)를 들고 주인의 오른쪽에 서시오

○主人奉考位前盤盞東向立(주인봉고위전반잔동향립)

주인은 고위전의 반잔을 받들고 동향하여 서시오

○執事者西向斟酒于盞(집사자서향침주우잔)

집사자는 서향하여 잔에 술을 따르시오

○主人跪(주인궤) 주인은 꿇어앉으시오

○執事者亦跪(집사자역궤) 집사자도 꿇어앉으시오

○主人取盞祭之茅上(주인취잔제지모상)

주인은 잔을 들어 모사에 조금 부으시오

○奠于故處(전우고처) 반잔을 원래의 자리에 올리시오

○奉妣位盤盞亦如之(봉비위반잔역여지) 비위 반잔도 똑같이 하여 올리시오

○啓飯蓋(계반개) 메뚜껑을 여시오

○祝取板立于主人之左東向跪(축취판입우주인지좌동향궤)

축은 축판을 들고 주인 왼쪽에 동향하여 꿇어앉으시오

○主人以下皆跪(주인이하개궤) 주인 이하 모두 꿇어앉으시오

○祝讀祝(축독축) 축은 축문을 읽으시오

○主人再拜降復位(주인재배강복위)

주인은 두 번 절하고 제자리에 돌아가시오

○執事者撤酒(집사자철주) 집사자는 술잔을 비우시오

●아헌亞獻

亞獻升詣香案前(아헌승예향안전) 아헌은 향안전에 나아가시오

○執事者執注立于其右(집사자집주입우기우)

집사자는 주전자(술병)를 들고 주인의 오른쪽에 서시오

○亞獻奉考位前盤盞東向立(아헌봉고위전반잔동향립)

아헌은 고위전 반잔을 받들고 동향하여 서시오

○執事者西向斟酒于盞(집사자서향침주우잔)

집사자는 서향하여 잔에 술을 따르시오

○亞獻跪(아헌궤) 아헌은 끓어앉으시오

○執事者亦跪(집사자역궤) 집사자도 끓어앉으시오

○亞獻取盞祭之茅上(아헌취잔제지모상)

주인은 잔을 들어 모사에 조금 부으시오

○奠于故處(전우고처) 반잔을 원래의 자리에 올리시오

○奉妣位盤盞亦如之(봉비위반잔역여지) 비위 반잔도 똑같이 하여 올리시오

○亞獻再拜降復位(아헌재배강복위)

아헌은 두 번 절하고 제자리에 돌아가시오

○執事者撤酒(집사자철주) 집사자는 술잔을 비우시오

●종헌終獻

終獻升詣香案前(종헌승예향안전) 종헌은 향안전에 나아가시오

○執事者執注立于其右(집사자집주입우기우)

집사자는 주전자(술병)를 들고 주인의 오른쪽에 서시오

○終獻奉考位前盤盞東向立(종헌봉고위전반잔동향립)

종헌은 고위전 반잔을 받들고 동향하여 서시오

○執事者西向斟酒于盞(집사자서향침주우잔)

집사자는 서향하여 잔에 술을 따르시오

○終獻跪(종헌궤) 종헌은 끓어앉으시오

○執事者亦跪(집사자역궤) 집사자도 끓어앉으시오

○終獻取盞祭之茅上(종헌취잔제지모상)

종헌은 잔을 들어 모사에 조금 부으시오

○奠于故處(전우고처) 반잔을 원래의 자리에 올리시오

○奉妣位盤盞亦如之(봉비위반잔역여지) 비위 반잔도 똑같이 하여 올리시오

○終獻再拜降復位(종헌재배강복위)

종헌은 두 번 절하고 제자리에 돌아가시오

●유식侑食 · 합문闔門 · 계문啓門

○主人升執注就添位前酒皆滿(주인승집주취첨위전주개만)

주인은 앞으로 나아가 주전자를 들고 위전의 잔에 가득 채우시오(첨작)

○扱匙西柄 · 正箸(삽시서병 · 정저)

숟가락을(자루를 서쪽으로 하여) 메에 꽂고 젓가락을 바로 놓으시오

○北向再拜降復位(북향재배강복위)

북향하여 두 번 절하고 제자리에 돌아가시오

○主人以下皆出(주인이하개출) 주인 이하 모두 밖으로 나가시오

○祝闔門(축합문) 축은 문을 닫으시오

○俯伏(부복) 모두 부복하시오

○祝升門外北向聲三噫歆及啓門(축승문외북향성삼희흠급계문)

축은 문밖에 올라 북향하여 기침을 세 번하고 문을 여시오

○主人升奉茶分進于考妣位前(주인승봉다분진우고비위전)

주인은 차(산물)를 받들고 고비위전에 각각 올리시오

○肅竢少頃(숙사소경) 잠시 묵념하시오(국궁)

○平身(평신) 평신하시오(*몸을 바로 함)

○主人立于東階上(주인입우동계상) 주인은 동계상에 서시오

○祝立于西階上 · 東向告利成(축입우서계상 동향고이성)

축은 서계상에 서서 동향하여 이성을 고하시오

○降復位(강복위) 제자리에 돌아가시오

○闔飯盖下匙箸(합반개하시저) 메뚜껑을 덮고 수저를 내리시오

●사신辭神

主人以下皆再拜(주인이하개재배) 주인 이하 모두 두 번 절하시오(사신)

○祝焚祝奉主納于櫝奉歸祠堂(축분축봉주납우독봉귀사당)

축은 축문을 태우고 신주를 주독에 넣어 사당으로 받들어 모시시오

○執事者撤饌(집사자철찬) 집사자는 철찬하시오

○禮畢(예필) 예를 모두 마칩니다

묘제

보백당의 묘제는 2005년 11월 13일(음력 10월 12일) 경북 예천군 호명면 직산(피실) 묘소에서 거행되었다. 안동김씨 문중에서는 묘소 소재지별로 재실이 있고 재실 단위별로 재장齋長과 유사有司가 선임되어 재장 주관 하에 매년 시향時享을 지내고 있다. 안동김씨 비안공파의 본향인 소산에서도 같은 날 시향을 지낸다.

직산에는 보백당의 아버지 비안공(김삼근)과 어머니 상락김씨를 비롯하여 보백당과 배위 의령남씨, 그리고 보백당의 5남 군수공(김극신) 내외의 묘소가 있다. 보백당은 비안공의 둘째아들이지만 묘소가 직산에 같이 있기 때문에 직산재 재장의 주관으로 같은 날 지내게 된다.

직산재 재실에는 현재 타성의 관리인이 거주하면서 위토 경작과 묘소관리를 하고 있다. 그전에는 제수 준비를 재실에서 직접 마련하였으나, 관리인 내외도 연만하여 올해는 유사들이 전날부터 안동,

풍산 등지에서 제수를 마련해 오느라 애로가 많았다.

비안공 묘제

시향 당일 각처에서 제관들이 재실로 모여든다. 보백당 종가의 종손 김주현 옹은 건강이 좋지 않아 이날 참례하지 못하였다. 대신에 묵계에 살고 있는 종손의 삼종숙 되는 김재동 씨가 전날 도착하여 재유사들과 함께 제물준비와 함께 제구, 제기 등 제반사항을 점검하였다.

오전 10시경 제관들이 30여명 도착한 후 이날 시향의 집사분정과 축문을 수축하였다. 묘제는 비안공의 묘소에서 먼저 시작한다. 비안공 내외분의 묘소는 풍산에서 예천으로 가는 국도에서 직산 마을로 들어가다가 왼쪽 산능선 위에 있는데, 앞뒤로 나란히 배위 상락김씨의 묘가 아래쪽에 있다. 비안공 묘소 앞에 있는 묘표 전면에 '有

비안공의 묘소에 오르는 모습

비안공 묘소에서 묘제를 올리는 모습

明朝鮮國宣敎郎比安縣監金公三近之墓 宜人安東金氏在前' 이라 적혀 있어 배위 안동김씨(상락김씨)의 묘소의 위치를 나타내주고 있다.

제관들은 미리 묘소에 올라가 묘전에 도열해 서고 집사분정표를 묘소 앞에 펼쳐 놓는다.

乙酉十月十二日
稷山齋享祀時執事
初獻　金炳熙
亞獻　金永東
終獻　金珏年
陳設　金晧圭, 金昊漢
祝　金光顯
贊者　金羲東
贊引　金奭漢
奉香　金奭鎭
奉爐　金景年
奉爵　金泰顯
奠爵　金七東
司尊　金勝顯
原

제물이 묘소 아래에 도착하면, 집례의 "獻官以下序立祗迎祭物于墓下"라는 창홀에 따라 헌관 이하 제집사는 내려가 제물을 정중히 맞이한다.

찬자와 찬인은 먼저 배위에 가서 재배한다. 헌관과 제집사는 찬인의 인도를 받아 배위에 나아가 재배한다. 축과 제집사는 관세위에 가서 손을 씻고 각자 위치에 선다. 진설 집사는 제물을 석상에 진설한다.

맨 앞줄에 과일을 놓고 그 다음에 포와 3탕을 진설한다. 그 뒤에 적을 놓고 맨 뒤쪽에 잔을 놓고 오른쪽에 편틀을 놓는다.

진설이 끝나면 초헌관은 향안전에 나아가 강신례를 행한다. 초헌관은 정헌공파의 김병희 옹(78세)이 담당하였다. 초헌관은 먼저 비안공 묘소에서 분향, 뇌주, 재배의 순으로 강신례를 행한다. 향을 피워 천상의 혼을 부르고 술을 땅에 부어 지하의 백을 불러 혼백을 일치시키는 상징적인 의례이다.

다음에는 배위 상락김씨 묘소에서 강신례를 행하고 조비의 혼령을 모셔오는 의례를 행한다. 초헌관과 제집사는 아래에 있는 조비 상락김씨 묘소로 간다. 축은 신위석을 받들고 봉향, 봉로는 향로와

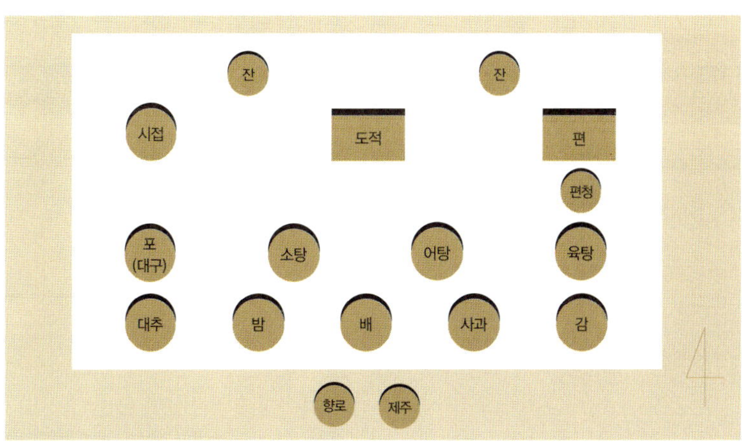

진설도

향합을 들고 뒤따른다. 조비 묘소에서 같은 방법으로 분향, 뇌주, 재배하여 강신례를 행한 후, 축은 신위석을 받들고 올라온다.

헌관 이하 재위자는 계단 아래에 내려가 조비의 혼령을 공손히 맞이하고 축은 신위석을 묘소 왼쪽에 봉안한다.

이제 조고와 조비의 혼령이 함께 임하였으므로 헌관 이하 재위자는 참신 재배한다.

다음은 초헌례의 순서이다.

초헌관은 향안전에 나아가 집사가 따라주는 술을 받아 전작한다. 참제자 일동은 부복하고, 축은 헌관의 왼쪽에서 축문을 읽는다.

維歲次乙酉十月庚寅朔十二日辛丑 後孫 炳熙
유세차을유시월경인삭십이일신축 후손 병희

배위 상락김씨를 사신하고 내려오는 제관

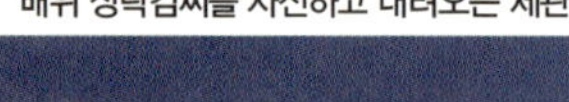

敢昭告于
감소고우

先祖考宣敎郎比安縣監府君
선조고선교랑비안현감부군

先祖妣上洛金氏世德緜遠孫支繁殖霜露旣降
선조비상락김씨세덕면원손지번식상로기강

感時興惕 謹以淸酌庶羞 祗薦歲事 尙
감시흥척 근이청작서수 지천세사 상

饗
향

축문낭독이 끝나면 초헌관은 일어나 두 번 절하고 자리로 돌아간다.

이어서 아헌례와 종헌례가 이어진다.

아헌은 풍산 신양에서 온 김영동 옹(80세)이 담당했고, 종헌은 안동화수회 수석부회장을 맡고 있는 김각년 옹(71세)이 담당하였다.

종헌이 끝나면 헌관 이하 모두 한참동안 부복하였다가 일어난다.

젓가락을 내리고 헌관이하 참례자 일동은 사신재배한다.

찬인은 초헌관을 분축소로 인도하고, 축은 축문을 태운다.

찬인은 초헌관과 제집사를 인도하여 조비 신위석을 받들어 조비 묘소에 환안한다.

조비 묘소에 재배함으로써 모든 예를 마친다.

이어서 비안공 묘소와 같은 산록 맨 위쪽에 있는 군수공과 배위 함양박씨의 합장묘에 묘제를 지냈다. 군수공은 보백당의 다섯 아들

중 막내인 김극신으로 문과에 급제하여 문천군수를 지냈기 때문에 군수공이라 한다.

정헌공(보백당) 묘제

보백당의 묘소는 비안공의 묘소와는 마을이 있는 골짜기를 사이에 두고 능선을 달리하여 바로 직산재 왼쪽 산록에 있다. 봉분 앞에 석상이 놓여 있고 그 오른쪽에 팔작지붕을 한 묘표가, 그 앞 좌우에 문인석 2기가 서 있다. 묘표 전면에는 '通政大夫弘文館副提學知製教兼 經筵參贊官春秋館修撰官 贈資憲大夫吏曹判書兼知 經筵義禁府春秋館事弘文館大提學藝文館大提學知成均館事五衛都摠府都摠管謚定獻公

보백당 묘소 전경

寶白堂金先生之墓’라 새겨져 있다.

배위 의령남씨의 묘소는 보백당 묘소의 바로 뒤쪽에 있으며 묘표에는 ‘贈貞夫人宜寧南氏之墓’라 쓰여 있다.

강신례 때에 역시 배위의 혼령을 인도해오는 인혼引魂 의례를 행하였다.

의례절차는 비안공 묘제 때와 같고, 집사분정과 축문내용은 다음과 같다.

乙酉十月十二日
定獻公位享祀時執事

初獻	金時鎭
亞獻	金熹東
終獻	金昊漢
祝	金洗漢
贊者	金宰東

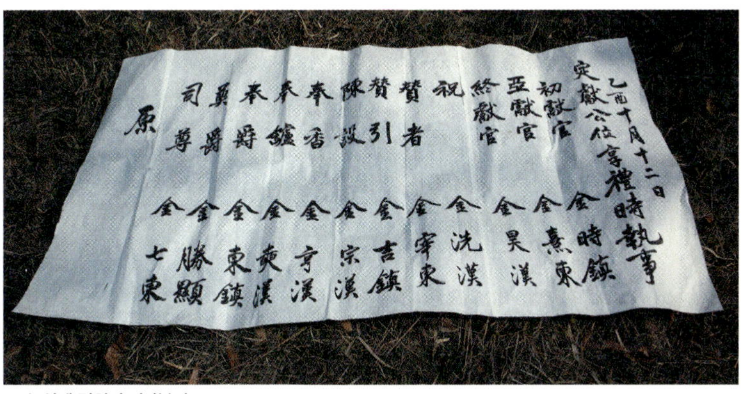

묘소 앞에 펼쳐진 집사분정표

贊引　金吉鎭
陳設　金宗漢
奉香　金亨漢
奉爐　金奭漢
奉爵　金東鎭
奠爵　金勝顯
司尊　金七東
原

초헌은 길안면 현하 2리에 살고 있는 16대손 김시진 씨(76세)이고, 아헌은 묵계에 살고 있는 18대손 김희동 씨, 종헌은 현하 3리에 살고 있는 17대손 김호한 씨가 담당하였다.

維歲次乙酉十月庚寅朔十二日辛丑 後孫時鎭
유세차을유시월경인삭십이월신축 후손시진

敢昭告于
감소고우

先祖考通政大夫弘文館副提學知製敎兼 經筵參贊官
선조고통정대부홍문관부제학지제교겸 경연참찬관

春秋館修撰官 贈資憲大夫吏曹判書兼知 經筵義禁府
춘추관수찬관 증자헌대부이조판서겸지 경연의금부

春秋館事弘文館大提學藝文館大提學知成均館事五衞
춘추관사홍문관대제학예문관대제학지성균관사오위

都摠府都摠管諡定獻公府君
도총부도총관시정헌공부군

先祖妣宜寧南氏 德垂後昆 慕切羹墻 履之霜露
선조비의령남씨 덕수후곤 모절갱장 이지상로

不勝感愴 謹以淸酌庶羞 祗薦歲事 尙
불승감창 근이청작서수 지천세사 상

饗
향

진설에 있어서 약간의 차이점은 비안공 묘소에서는 과실을 홍동백서로 놓았는데, 보백당 묘소에는 조율이시의 배열로 진설하였다.

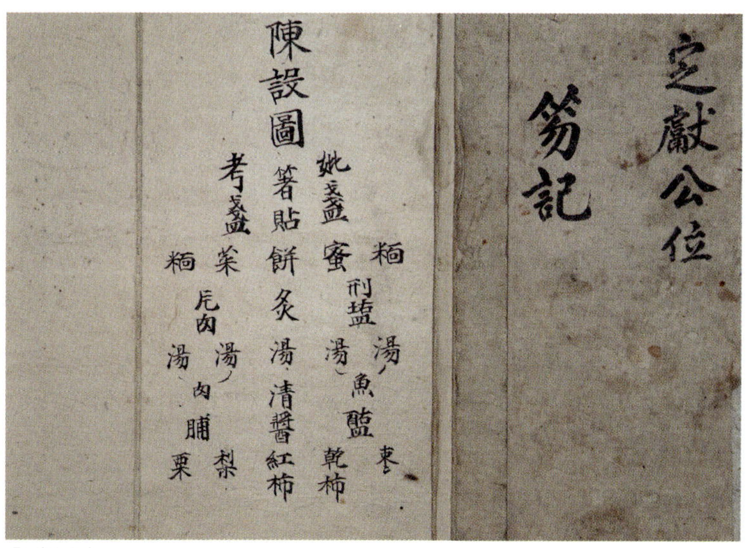

홀기(진설도)

홀笏 기記

●진설陳設

獻官以下序立祗迎祭物于墓下(헌관이하서립지영제물우묘하)

헌관 이하 모두 서립하여 묘소 아래에서 제물을 공손히 맞이하시오

○贊者及贊引先詣墓所(찬자급찬인선예묘소)

찬자와 찬인은 먼저 묘소로 가시오

○入就拜位(입취배위) 배위에 들어가 서시오

○再拜(재배) 재배하시오

○贊引引獻官以下諸執事詣墓所(찬인인헌관이하제집사예묘소)

찬인은 헌관 이하 제집사를 인도하여 묘소로 가시오

○入就拜位(입취배위) 배위에 들어가 서시오

○再拜(재배) 재배하시오

○贊引引祝及諸執事詣盥洗位.盥手帨手(찬인인축급제집사예관세위.관수세수)

찬인은 축과 제집사를 인도하여 관세위로 가서 손을 씻으시오

○各就位(각취위) 각자 위치에 서시오

○陳設.設蔬果(진설.설소과) 진설하시오. 설소과하시오

●강신례降神禮

○贊引引初獻官詣盥洗位.盥手帨手(찬인인초헌관예관세위.관수세수)

찬인은 초헌관을 관세위로 인도하여 손을 씻으시오

○引詣香案前(인예향안전) 향안전에 인도하시오

○跪(궤) 초헌관은 무릎을 꿇으시오

○上香.三上香(상향.삼상향) 향을 세 번 피우시오

○斟酒(침주) 집사는 술을 따르시오

○降神(강신) 초헌관은 술을 띠풀 위에 부으시오

○俯・伏・興・再拜(부・복・흥・재배)

초헌관은 부복하였다가 일어나 재배하시오

○引降復位(인강복위) 자리로 돌아가시오

○贊引引初獻官祝及諸執事詣祖妣墓所(찬인인초헌관축급제집사예조비묘소)

찬인은 초헌관과 축 및 제집사를 인도하여 조비 묘소로 가시오

祝及諸執事奉神位席香罏香榼盞盤(축급제집사봉신위석향로향합잔반)

축과 제집사는 신위석과 향로, 향합, 잔반을 받들고 가시오

○行禮如上(행례여상) 앞에서와 같이 예를 행하시오

○祝奉神位席(축봉신위석) 축은 신위석을 받드시오

○在位獻官以下分行于階下祗迎(재위헌관이하분행우계하지영)

헌관 이하 재위자는 계단 아래에 내려가 공손히 맞이하시오

○奉安(봉안) 신위석을 봉안하시오

●참신례參神禮

○參神(참신).在位獻官以下皆參神(재위헌관이하개참신)

헌관 이하 재위자는 참신 재배하시오

○陳設(진설).如圖式(여도식) 진설하시오

●초헌례初獻禮

○贊引引初獻官詣香案前(찬인인초헌관예향안전)

찬인은 초헌관을 향안전에 인도하시오

○跪(궤) 초헌관은 무릎을 꿇으시오

○斟酒(침주) 집사는 술을 따르시오

○奠爵(전작) 전작하시오

○俯·伏(부·복) 부복하시오

○讀祝(독축).祝讀祝(축독축) 축은 축문을 읽으시오

○上箸(상저) 젓가락을 올리시오

○興·再拜(흥·재배) 초헌관은 일어나 재배하시오

○引降復位(인강복위) 자리로 돌아가시오

●아헌례亞獻禮

○贊引引亞獻官詣盥洗位.盥手帨手(찬인인아헌관예관세위.관수세수)

찬인은 아헌관을 인도하여 관세위로 가서 손을 씻으시오

○引詣香案前(인예향안전) 향안전으로 인도하시오

○跪(궤) 아헌관은 무릎을 꿇으시오

○斟酒(침주) 집사는 술을 따르시오

○奠爵(전작) 전작하시오

○俯·伏·興·再拜(부·복·흥·재배)

아헌관은 부복하였다가 일어나 재배하시오

○引降復位(인강복위) 자리로 돌아가시오

●종헌례終獻禮

○贊引引終獻官詣盥洗位.盥手帨手(찬인인종헌관예관세위.관수세수)

찬인은 종헌관을 인도하여 관세위로 가서 손을 씻으시오

○引詣香案前(인예향안전) 향안전으로 인도하시오

○跪(궤) 종헌관은 무릎을 끓으시오

○斟酒(침주) 집사는 술을 따르시오

○奠爵(전작) 전작하시오

○俯·伏·興·再拜(부·복·홍·재배)

종헌관은 부복하였다가 일어나 재배하시오

○引降復位(인강복위) 자리로 돌아가시오

○獻官以下諸執事俯伏(헌관이하제집사부복)

헌관 이하 제집사는 부복하시오

如人行五里許(여인행오리허)

○興(홍) 모두 일어서시오

○撤箸(철저) 젓가락을 내리시오

○獻官以下諸執事皆再拜辭神(헌관이하제집사개재배사신)

헌관 이하 제집사는 모두 사신재배하시오

○贊引引初獻官詣焚祝所(찬인인초헌관예분축소)

찬인은 초헌관을 인도하여 분축소로 가시오

○焚祝(분축) 축문을 태우시오

○贊引引初獻官及諸執事奉祖妣神位席還安墓所(찬인인초헌관급제집사봉조비신위석환안묘소) 찬인은 초헌관과 제집사를 인도하여 조비 신위석을 받들어 묘소에 환안하시오

○再拜退(재배퇴) 재배하고 물러나시오

○禮畢(예필) 예를 마칩니다

○獻官以下以次出(헌관이하이차출) 헌관 이하 모두 차례로 나가시오

○執事撤饌(집사철찬) 집사는 철찬하시오

제3장

보백당 김계행 종가의 제사음식

종가의 식생활 환경

인간은 자신이 처한 환경과 끊임없는 상호작용을 하면서 살아간다. 그렇기 때문에 산간지역에 살고 있는 사람의 생활모습은 해안이나 평야지역에서 생활하는 사람의 것과는 다를 수가 있다. 이러한 사실들은 인간이 생활하는데 가장 기본적이라고 생각되는 의·식·주에서 잘 나타난다. 그 중에서도 식생활은 교통, 통신이 발달하기 이전까지 지역적 특색이 뚜렷했기 때문에 주변 환경과 밀접한 관계를 맺었으리라 추정해 볼 수 있다. 보백당 김계행 종가의 식생활을 파악하기 위해서는 지리적 환경과 지역적 특성을 살피는 작업이 선행되어야 할 것이다. 먼저 종가가 위치한 안동시 길안면 일대의 환경을 살펴보고, 사회·문화적인 상황을 살피고자 한다.

안동시는 경상북도의 북쪽에 위치한 영남의 내륙에 속하고, 학가산, 연점산 등의 비교적 높은 산이 있는 반면 낙동강이 흐르고 있어서 크고 작은 평야를 이루고 있다. 과거부터 이 지역의 산, 강, 하천 등지에서는 인삼, 은구어銀口魚, 해송자海松子, 오미자 등이 많이 생산되었다.[2] 이렇게 안동에서 생산된 각종 산물은 안동장(2, 7일), 길안장(5, 10일) 등을 통해서 유통되었는데, 이곳은 외지에서 유입된 산물과의 교역장소가 되기도 했다.

안동은 영남의 내륙에 속하므로 교통, 통신이 발달하기 이전까지는 외부와의 교역이 쉽지 않았다. 그 때문에 '안동 간 고등어'라는 특산품이 생겨난 것을 감안한다면 살아있는 문어[3]가 안동의 의례음식에서 사용된 역사는 그리 길지가 않을 것이다.

길안면은 안동시내에서 남동쪽으로 20km 정도인 지점에 있는데, 동으로는 청송군, 서남으로는 의성군과 접한다. 보백당 김계행 종가는 길안면 묵계리 705번지에 있고, 경상북도 민속자료 19호로 지정되어 있으며, 정침, 보백당, 가묘로 구성되어 있다.

정침은 전형적인 'ㅁ' 자형 건축물로 정면 6칸, 측면 6칸의 규모이다. 여기에 부엌, 안채, 사랑채 등의 생활공간이 속하는데, 제사음식을 만드는 곳도 바로 이곳이다. 부엌 왼편에는 작은 창고가 있어서 제사에 사용하는 유기그릇을 넣어 두는 함과 도구들이 들어 있다. 부엌에는 가마솥 2개가 있어서 탕과 갱, 도적을 쌓을 때 어물을 익힌다. 부엌 오른편에는 안방이 있고 여기에는 작은 부엌이 딸려있어서 싱크대와 각종 그릇들이 비치되어 있다. 이곳은 원래 18대 종부가 살아계실 당시에 만든 것인데, 연로해서 부엌을 이용하는 데

2_ 민족문화추진회, 『신증동국여지승람 Ⅲ』 제 24권, 「안동대도호부」.
3_ 김용덕, 『사람과 문화』 통권 69호, 「신시장 문어골이야기」, 청솔, 2005.

어려움이 있었기 때문이다. 지금은 이곳에서 나물을 다듬거나 조리하는 등 대부분의 제사음식을 만드는 과정을 거치고 있다. 그 옆에는 대청이 있어서 준비된 제물을 두고 대청 옆에 있는 작은 방에서 편을 괴는 작업을 하고 있다. 사랑채에서는 종가의 남성들이 대추, 밤 등 어물을 괴는 작업을 한다.

보백당은 정면 3칸, 측면 2칸의 규모인데, 대청과 온돌방으로 구성되어 있다. 제례가 행해지는 곳이 바로 보백당 대청이고, 그 옆 온돌방에서는 음복이 이루어진다.

가묘는 본채의 왼편에 있고 담장으로 둘러 싸여 있는데, 정면 3칸, 측면 1칸으로 이루어져 있다.

그러나 18대 종부가 돌아가신 후로는 종가에는 사람이 살지 않고,

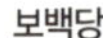
보백당

인근에 살고 있는 지손들이 가끔씩 종가를 돌보고 있다. 타지에 살고 있는 자손들은 보백당 김계행의 불천위나 시제 등이 있을 때면 종가를 방문할 뿐이다. 그러나 각종 살림살이에 필요한 도구, 그릇과 항아리와 같은 부엌용품들은 그대로 보관되어 있다.

지금까지 종가의 가옥구조와 제물마련 장소 등에 관해서 살펴보았다. 다음에는 제사음식의 경비마련, 장보기, 제물 만들기 및 담기, 진설과 제사의례에 관해서 살펴보겠다.

불천위제사 음식

보백당 김계행은 조선 중기의 문신으로 대사간, 대사성, 홍문관 부제학 등의 벼슬을 거쳤으나 연산군 때 정치가 문란해지고 폐단이 심해지자 은퇴를 했다. 이후 학문을 하고 후학을 양성하다가 1517년 음력 1월 26일에 돌아가셨다. 사후에는 묵계서원默溪書院에 배향되었으며, 1859년에 이조판서에 추증되었다.

현 종손은 김계행의 19대손(김주현, 75세)으로 대구에 거주하면서 불천위 제사가 있을 때면 종가로 내려온다. 종부(김정희, 73세)도 마찬가지로 불천위 제사가 있을 때면 종가를 방문하고, 제물 만들기를 지휘하고 있다.

경비마련

종가에는 제비祭費를 마련하기 위한 위토와 그것을 관리하기 위한 조직인 소所가 있다. 보백당 종가에서는 위토를 소작인에게 빌려 주고, 가을에 소출의 일부를 받는데, 이것을 팔아서 현금을 마련한다. 이 돈의 일부로 제비를 마련하는데, 추석차례, 설차례, 불천위제사의 제물비용이 250만원 정도이다. 이 중 불천위 제사에 70만원 정도가 소요되었는데, 제비를 관리하는 것은 유사의 몫이다.

장보기

제물 마련을 위한 장보기는 불천위 제사보다 며칠 전에 시작된다. 과거부터 지금까지 계속해서 안동장, 길안장을 주로 다녔으나 근래에는 대형마트를 가끔씩 이용하기도 한다. 2004년도에는 제사 이틀 전에 안동장에 가서 장을 보았다. 제비로 장을 보는 것은 유사의 몫인데, 유사는 문중회의에서 천거로 뽑는다. 유사는 임기가 결정된 바가 없고, 유고가 없으면 계속할 수도 있다. 유사는 원래 2명이었으나 지금은 4명으로 늘어났다. 고향에 남아 있는 사람들이 많지 않으므로 유사의 소임에 매진할 수 있는 사람이 많지 않기 때문이다. 과거에는 제사가 있으면 며칠 전부터 목욕재계를 하고, 고기반찬을 금했으나 지금은 목욕시설이 발달했기 때문에 그럴 필요성을 느끼지 못한다.

제사음식 만들기 및 담기

제사음식 만들기는 19대 종부 김정희의 주도하에 이루어진다. 음식 만들기에 참여하는 인원은 10명 정도이며, 대부분 묵계리에 살고 있는 지손들이다. 지손들은 5~60대가 대부분인데, 이들은 종가에 큰 일이 있을 때마다 방문해서 일손을 돕는다. 그렇기 때문에 제사음식을 만드는데 필요한 인력이 부족하지는 않다.

이 종가에서 불천위 제사음식으로 사용하는 품목은 다음과 같다. 제주, 메, 갱, 침채, 편, 편청, 간장, 식혜밥, 포, 삼탕, 대육, 문어, 도적, 대어, 자반, 김치물, 면, 삼채, 대추, 밤, 땅콩, 호두, 약과, 유과, 수박, 사과, 토마토, 밀감, 배, 곶감, 감이다. 그러나 정해진 것이 아니므로 재료나 품목에서 약간의 변화가 있을 수도 있다. 가령 2004년도 불천위 제사에서는 동해안에 살고 있는 지손이 문어를 구입해

자손들이 모여 음식장만을 하고 있다.

서 가져왔기 때문에 문어를 추가해서 올렸다. 지손의 정성을 조상이 흠향歆饗하실 수 있도록 해 주기 위한 배려이다.

제사에 사용하는 그릇은 주로 유기로 만든 것이다. 이 그릇은 18대 종부가 사용하던 것을 19대 종부가 그대로 물려받아서 쓰고 있다. 그릇은 전용세제로 깨끗이 닦은 후, 바람이 부는 그늘에서 말린다. 그릇이 마르면 부엌 옆에 딸린 작은 방의 그릇함 속에 넣어둔다. 제사음식을 담을 때, 유기로 만든 그릇이 부족할 경우에는 사기그릇을 사용하는 수도 있다.

개별 제물의 구체적인 조리방법과 그릇에 담는 방법은 아래와 같다.

제주 1병

18대 종부가 살아계실 때에는 국화꽃을 넣은 청주를 만들어서 사용했다. 18대 종부가 2년 전에 91세의 나이로 사망하고 난 뒤로는 청주를 구입해서 사용한다. 2004년도에는 수복골드 1,800ml를 구입해서 제주로 썼다. 제주는 흰색 도자기병에 붓고, 입구는 봉한다.

제주

메 3기

메를 짓는데 필요한 쌀은 구입 후, 따로 두고 사용한다. 메는 전기밥솥에서 평상시에 밥을 하는 것과 같은 방법으로 짓는다. 음복할

메

때 사용하기 위해서 양을 넉넉하게 한다.

밥은 상에 올릴 때, 따뜻해야 하므로 제사를 지내는 시간을 맞춰서 짓는다. 완성되면 유기주발에 밥을 푸고, 뚜껑을 덮어 둔다.

갱 3기

갱

갱은 부엌의 오래된 가마솥에서 장작불을 피워 끓인다. 먼저 물을 넣고 끓인 후, 콩나물과 무채를 넣고 한소끔 끓인다. 여기에 간장을 조금만 넣고 간을 한다. 채소를 넣고 끓이기 때문에 간장을 많이 넣으면 색이 탁해질 수 있기 때문이다. 갱은 제사가 시작되기 직전에 다시 한번 데워서 유기갱기에 담는다.

침채 3기

제사에 사용하는 침채는 주로 물김치이다. 이 종가에서는 물김치를 만들 때 무, 배추 줄기 등을 네모지게 썰고, 소금물을 끓인 다음 식혀서 붓는다. 그러나 2004년도 제사에서는 물김치를 만들지 않았다. 갱에서 국물만 취한 다음 지름 8cm 정도의 흰 사기그릇에 담고, 콩나물과 무채를 조금 넣고 사용했다.

편 1기

1950~60년대까지만 하더라도 본편에 사용된 쌀이 1말 정도 되었

다. 지금은 먹을 것이 풍족해서 사람들이 떡을 잘 먹지 않기 때문에 떡의 양을 많이 하지 않는다. 본편과 웃기떡을 만드는데 필요한 쌀의 양까지 1말이 안된다.

편은 본편과 웃기떡으로 구성된다. 본편은 몇 켜가 되든 상관이 없으나 켜가 홀수가 되도록 쌓는다. 웃기떡은 경단, 부편, 쑥구리, 깨구리, 잡과편, 전, 조약을 주로 쓴다. 웃기떡의 수는 반드시 홀수로 사용하는데, 불천위에는 7종을 쓴다. 약식으로 할 때는 이 중에서 3가지, 혹은 5가지를 골라서 사용하는데, 2004년도 불천위 제사에서는 쑥구리, 깨구리를 제외한 5종을 사용했다.

● 본편

원래는 집에서 시루떡을 쪘으나 약 30년 전부터는 방앗간에서 시루떡을 만들어 온다. 멥쌀 70%에 찹쌀 30%의 비율로 섞어서 물에 담가둔다. 쌀 1되에 소금 1숟가락을 넣어 간하고 빻는다. 고물은 원래 거피 팥고물을 사용하지만, 방앗간에서 거피 팥고물을 만드는 것을 귀찮아하기 때문에 콩고물로 대신하는 경우가 많다. 2004년도의 시제에서는 거피 팥고물을 썼으나 불천위 제사에는 콩고물을 사용했다.

● 웃기떡

멥쌀 30%에 찹쌀 70%의 비율로 섞어서 물에 담가둔다. 쌀 1되에 소금 1숟가락을 넣어 간을 한다. 이것을 방앗간에서 빻아 와서 조금 남겨두고, 모두 익반죽을 한다. 웃기떡에 들어가는 소는 깨소금이나 콩가루에 물엿을 넣어서 만든다. 대추는 깨끗이 씻은 후, 물기가 마르면 돌려깎기를 한 다음 곱게 채를 썰어 둔다. 다른 한편으로 대추를 0.7×3cm로 썰어 둔다.

경단

반죽을 지름 5cm 정도로 빚어서 끓는 물에 삶아서 콩가루를 묻힌다.

부편

반죽에 소를 넣고 지름 5cm 정도로 빚는다. 김이 오른 찜기에 넣고 찐 다음 집청을 한다. 0.7×3cm로 썰어 둔 대추를 =모양으로 놓고, 거피팥고물을 묻힌다.

잡과편

반죽에 소를 넣고 지름 5cm 정도로 빚어서 끓는 물에 삶은 다음 대추채에 굴린다. 이것을 김이 오른 찜기에 넣고 쪄서 집청한다.

전

전을 만들 때에는 남겨둔 쌀가루를 찬물에 갠다. 기름을 두른 팬에 지름 20cm의 크기가 되도록 전을 부친다. 0.7×3cm로 썰어 둔 대추를 위에 얹어서 장식을 하고, 다 익으면 집청을 한다.

조약

소를 넣어서 지름 5cm의 반달모양으로 만든다. 기름을 두른 팬에 넣고 지진다. 타기 쉬우므로 약한 불로 익힌다. 다 익으면 꺼내서 집청을 한다.

쑥구리

쌀가루, 쑥, 설탕은 섞어서 찜통에 넣고 찐다. 다 익으면 꺼내서 치댄다. 쑥떡은 5cm 크기로 만들고, 거피 팥고물을 묻힌다. 2004년 불천위 제사에서는 만들지 않았다.

깨구리

흑임자는 볶은 후, 빻아서 가루로 만들어 둔다.

쌀가루에 물을 넣고 반죽한다. 반죽을 조금씩 떼어서 지름 5cm가 되도록 동그랗게 빚는다. 냄비에 물을 넣고, 물이 끓으면 반죽을 넣는다. 떡이 물 위에 떠오르면 건져 내고, 준비한 찬물에 넣었다가 꺼낸다. 흑임자 가루를 묻힌다. 2004년 불천위 제사에서는 만들지 않았다.

본편과 웃기떡이 완성되면 편틀에 떡을 괸다. 편틀은 목제이고, 가로 25cm, 세로 25cm 정도의 크기이다. 괴는 것은 아래에서부터 본편, 경단, 부편, 쑥구리, 깨구리, 잡과편, 전, 조악의 순으로 한다. 이 중에서 쑥구리와 깨구리는 2004년도 불천위 제사에서는 생략하였다. 본편인 시루떡은 井자가 되도록 15켜로 쌓는다. 井자의 한가운데에 공간이 생길 경우 본편이 내려앉을 수 있기 때문에 공간이 생기지 않도록 잘 쌓아야 한다. 본편을 모두 쌓고, 웃기떡을 괼 때는 30cm 정도의 대나무 8개를 묶어 편이 무너지지 않도록 고정시킨다.

편

편을 괴는 구체적인 순서는 다음과 같다.

6단	조약	1켜
5단	전	1켜
4단	잡과편	1켜
3단	부편	1켜
2단	경단	1켜
1단	본편	15켜

편청 1기

편청은 떡을 찍어먹기 위한 것이다. 지름 8cm 정도의 사기그릇에 물엿을 담고, 종이를 둥글게 오려서 사기그릇을 봉한다.

간장 3기

종지에 집에서 만든 간장을 담는다.

식혜밥 1기

원래는 엿기름을 물에 우려서 밥, 설탕 등을 넣고 삭힌 식혜를 만들어서 건더기만 올렸다. 이번에는 참기름, 간장, 밥을 비벼서 식혜를 대신했다. 유기 주발에 담고, 그 위에 잣을 몇 개만 올린다. 원래는 잣 대신 탕 속에 들어있는 고기를 몇 개 얹었으나 이번에는 잣을 얹었다. 뚜껑을 덮어 둔다.

포 1기

포

대구포를 구입한 그대로 평접시 위에 올려두고 사용한다.

탕 3기

탕은 삼탕(무탕, 어탕, 육탕)으로 쓰는데, 무, 상어, 쇠고기 등으로 만든다. 부엌의 가마솥에 물을 붓고, 물이 끓기 시작하면 무, 상어, 쇠고기, 간장을 넣고 최소한 1시간 이상 끓여서 만든다. 탕은 오랜 시간을 끓이기 때문에 무가 부서지지 않도록 큼직하게 썰어서 넣는다. 상어, 쇠고기는 도적에 사용할 재료를 다듬는 과정에서 생긴 것을 사용한다.

탕이 익으면 도적에 사용하기 위해서 꼬치에 꿰어 둔 상어, 쇠고기, 조기, 문어를 넣어서 익힌다. 이런 조리방법을 이 종가에서는 '찜을 한다' 고 한다. 탕은 제사를 지내는 시간에 한 번 더 데워서 그릇에 담는다. 무탕은 지름 10cm 정도의 흰색 사기그릇에 무를 담은 것이다. 어탕은 무를 깔고, 상어를 담은 것이다. 육탕은 무를 깔고, 쇠고기를 담은 것이다. 탕을 모두 담으면 뚜껑을 덮어 둔다.

대육大肉 1기

대육

쇠고기는 기름기 없는 부분을 가로, 세로 12cm 정도의 크기로 잘라둔다. 평접시에 3개를 얹는다.

문어

문어 1기

원래 불천위 제사에서는 문어를 따로 사용하지 않는다. 도적을 괼 때 문어를 올리기 때문이다. 그러나 2004년도에는 포항에 살고 있는 지손이 구입해 왔기 때문에 상에 올렸다.

도적 1기

도적을 괼 때 사용하는 재료는 명태, 상어, 쇠고기, 문어, 조기, 닭이다. 명태는 껍질을 벗기고, 머리와 꼬리부분을 가위로 오린다. 상어는 일정한 크기로 잘라 꼬치에 꿰어 둔다. 쇠고기는 칼로 두드린다. 고기를 연하게 만들고, 익힐 때 오그라드는 것을 방지하기 위함이다. 그 다음에는 일정한 크기로 자른 다음 꼬치에 꿰어 둔다. 문어는 다리를 썰어서 꼬치에 꿰어 둔다. 원래 도적에는 방어, 고등어를 사용했다고 하지만, 이번에는 사용하지 않았다.

상어꼬치는 탕에 넣어서 익힌 다음 통깨를 뿌렸다. 쇠고기꼬치는 원래 팬에 기름을 두르고 구웠는데, 이번에는 탕에 넣어서 익힌 다음 통깨를 뿌렸다. 문어꼬치는 탕에 넣어서 익힌다. 문어꼬치에는 통깨를 뿌리지 않았다. 조기는 탕에 넣어서 익힌 다음 통깨를 뿌렸다. 닭은 찜통에 넣어서 찜을 하지만, 이번에는 통닭을 구입해서 사용했다.

재료손질이 끝이 나면 도적틀에 도적을 괸다. 도적틀은 목제이고, 가로 34cm, 세로 24cm 정도의 크기이다. 도적은 아래에서부터 명태, 상어, 쇠고기, 문어, 조기, 닭의 순서로 괸다. 생선의 경우에는 머리가 동쪽으로 향할 수 있도록 같은 방향으로 괸다. 도적을 높이 괼 경우 무너질 염려가 있으므로 끈으로 묶어가면서 쌓는다. 맨 위에 닭도 머리가 동쪽으로 향하도록 하고, 배가 위로 가도록 얹는다.

도적

6단	닭 1마리	1켜
5단	조기 3마리	1켜
4단	문어꼬치	1켜
3단	쇠고기꼬치	3켜
2단	상어꼬치	6켜
1단	명태 3마리	1켜

대어 1기

상어고기를 가로, 세로 12cm 정도로 썰어서 둔다. 상어고기는 '돔배기' 라고 부른다.

자반 1기

자반은 '좌반' 이라고도 하는데 반찬으로 사용한다는 의미이다. 이 종가에서는 미역을 가로 20cm, 세로 20cm 정도로 잘라서 준비했다.

면 1기

18대 종부가 살아계실 때에는 면을 만들어서 사용했다. 만드는 방법은 다음과 같다. 밀가루 70%, 콩가루 30%에 참기름이나 식용유 1순가락과 물을 넣고 반죽한다. 밀가루를 뿌려가면서 홍두깨로 민다. 그러나 2년 전에 18대 종부가 사망하고 나서부터는 구입해서 사용하고 있다.

숙채 3기

숙채는 세 가지 색상의 나물을 사용한다. 나물의 종류는 고정된 것이 아니기 때문에 상황에 맞춰 변화를 줄 수 있다. 이번에는 청채로 참나물과 시금치를, 흑채로 토란대와 고사리를, 백채로 콩나물, 무나물, 도라지를 준비했다. 간혹 냉이, 산나물 등에 생콩가루를 뿌려 갱에 넣고 익혀서 사용하기도 한다. 그러나 그릇에 담을 때에는 반드시 흑채와 함께 담는다.

● 청채靑菜

참나물은 다듬어서 끓는 물에 소금을 넣고 데친다. 찬물에 헹군 다음 물기를 없앤다. 참기름, 간장을 넣고 무친다. 시금치도 참나물을 조리하는 것과 같은 방법으로 만들어 둔다.

● 흑채黑菜

토란대는 가을에 껍질을 벗기고 햇볕에 말려 두었다가 사용한다. 끓는 물에 삶아서 물기를 없앤다. 참기름, 간장을 넣고 무친다. 고사리는 말린 것을 구입하고, 조리하는 방법은 토란대와 같다.

● 백채白菜

콩나물은 뿌리를 다듬고, 갱을 끓일 때 넣었다가 건더기만 취한다. 무는 채를 쳐서 갱을 끓일 때 넣었다가 건더기만 취한다. 도라지는 소금에 치대어 쓴 맛을 제거하고 소금, 참기름을 넣고 무친다.

숙채가 완성되면 색깔별로 유기주발에 담는다. 참나물과 시금치를 그릇 하나에 담고, 깨소금을 뿌린 다음 뚜껑을 덮어 둔다. 토란대와 고사리를 그릇 하나에 담고, 깨소금을 뿌린 다음 뚜껑을 덮어 둔다. 콩나물, 무나물, 도라시를 그릇 하나에 담고, 깨소금을 뿌린 다음 뚜껑을 덮어 둔다.

조과

조과로는 대추, 밤, 땅콩, 호두, 곶감을 쓴다.

● 대추

대추는 설탕시럽에 조려 깨를 뿌린다. 평접시 위에 대추를 13켜로 괸다. 한 켜가 완성되면 평접시의 크기대로 오린 종이를 놓고, 그 위에 밤을 올려놓는 방식으로 괸다. 대추를 설탕시럽에 넣어서 조렸기 때문에 잘 떨어지지 않는다.

대추

● 밤

밤은 속껍질을 벗기고 물에 담가 갈변을 방지한다. 평접시 위에 쌀을 담고, 종이로 발라 평접시가 평평하도록 만든다. 그 위에 밤을 19개씩 6켜로 쌓는다. 한 켜가 완성되면 평접시의 크기대로 오린 종이를 놓고, 그 위에

밤

땅콩

밤을 올려놓는 방식으로 괸다. 밤은 물에 담갔다가 꺼냈기 때문에 그냥 쌓아도 잘 떨어지지 않는다.

● 땅콩

땅콩은 속껍질을 벗긴다. 평접시 위에 땅콩을 13켜로 괸다. 속껍질을 까지 않은 땅콩으로 '壽' 자의 형태로 장식을 한다. 한 켜가 완성되면 평접시의 크기대로 오린 종이를 놓고, 그 위에 땅콩을 올려놓는 방식으로 괸다. 땅콩을 괼 때는 무너지기 쉽기 때문에 밀가루를 물에 개어서 발라가면서 고정시킨다.

호두

● 호두

호두는 겉껍질을 벗기고, 반으로 가른 것으로 구입을 한다. 평접시 위에 13켜로 쌓는다. 한 켜가 완성되면 평접시의 크기대로 오린 종이를 놓고, 그 위에 땅콩을 올려놓는 방식으로 괸다. 호두를 괼 때는 무너지기 쉽기 때문에 밀가루와 물을 섞어서 종이에 발라가며 고정시킨다.

● 곶감

곶감은 평접시 위에 11켜로 쌓는다. 한 켜가 완성되면 평접시의 크기대로 오린 종이를 놓고, 그 위에 곶감을 올려놓는 방식으로 괸다.

곶감

약과 1기

원래는 집에서 약과를 만들어 두고 제사에 사용했다. 밀가루에 꿀, 참기름, 술, 생강즙을 넣고 반죽해서 다식판에 박아서 모양을 만든 다음 기름에 튀겨낸다. 이것을 꿀에 넣어서 집청한다. 2년 전에 18대 종부가 돌아가신 뒤로는 구입해서 사용한다. 평접시 위에 약과를 5켜로 쌓는다. 한 켜가 완성되면 평접시의 크기대로 오린 종이를 놓고, 그 위에 또다시 올려놓는 방식으로 괸다.

유과 1기

원래는 집에서 약과를 만들어 두고 제사에 사용했다. 찹쌀을 물에 담갔다가 가루로 만들어 설탕, 술을 넣어서 찐다. 떡이 되면 꺼내어 큰 그릇에 담고, 꽈리가 일도록 치댄다. 이것을 얇게 밀어서 가로, 세로 15cm 내외가 되도록 만들어서 말린다. 낮은 온도의 기름에 넣고 튀겨낸 다음 설탕시럽이나 꿀에 넣어 집청한다. 완성되면 튀밥가루를 묻힌다. 2년 전에 18대 종부가 돌아가신 뒤로는 구입해서 사용한다. 평접시 위에 약과를 9켜로 쌓는다. 한 켜가 완성되면 평접시의 크기대로 오린 종이를 놓고, 그 위에 또다시 올려놓는 방식으로 괸다.

실과

실과로는 수박, 사과, 토마토, 밀감, 배, 감을 쓴다. 실과는 깨끗이 씻어서 둔다.

- 수박

수박은 위, 아래와 네 귀퉁이를 도려내고 평접시 위에 얹는다.

● 사과

사과는 3개씩 2켜로 쌓고, 넘어지지 않도록 꼬치로 고정시킨다. 그 위에 1개를 더 얹는데, 껍질을 반쯤 깎아서 둔다. 이는 조상이 드시기 좋도록 하기 위함이다.

● 토마토

토마토는 3개씩 2켜로 쌓고, 넘어지지 않도록 꼬치로 고정시킨다.

수박

사과

토마토

밀감

배

감

그 위에 1개는 더 얹는데, 윗부분의 껍질만 살짝 도려낸다. 이는 조상이 드시기 좋도록 하기 위함이다.

● 밀감

밀감은 4개씩 3켜로 쌓고, 넘어지지 않도록 꼬치로 고정시킨다. 그 위에 조상이 드시기 좋도록 껍질을 조금만 벗겨서 얹어둔다.

● 배

배는 3개씩 3켜로 쌓고, 넘어지지 않도록 꼬치로 고정시킨다. 그 위에 껍질을 반쯤 깎아서 1개를 더 얹는데, 이는 조상이 드시기 좋도록 하기 위함이다.

● 감

감은 4개씩 3켜로 쌓고, 넘어지지 않도록 꼬치로 고정시킨다. 그 위에 1개를 더 얹는데, 껍질을 반쯤 깎아서 얹어 둔다. 이는 조상이 드시기 좋도록 하기 위함이다.

제사음식 이동하기

제물을 괴고 만드는 과정이 끝이 나면 안채의 대청에 마련해 둔 상 위에 올려 둔다. 상 위에 올려둘 때는 제사상을 차리는 순서를 생각해서 두는데, 가령 제사상의 앞 열에 차리는 실과는 그것끼리 상을 차려두고, 그 다음 열에 올리는 것은 그것끼리 함께 둔다. 대청에 차려 둔 상차림을 살펴보면 다음과 같다.

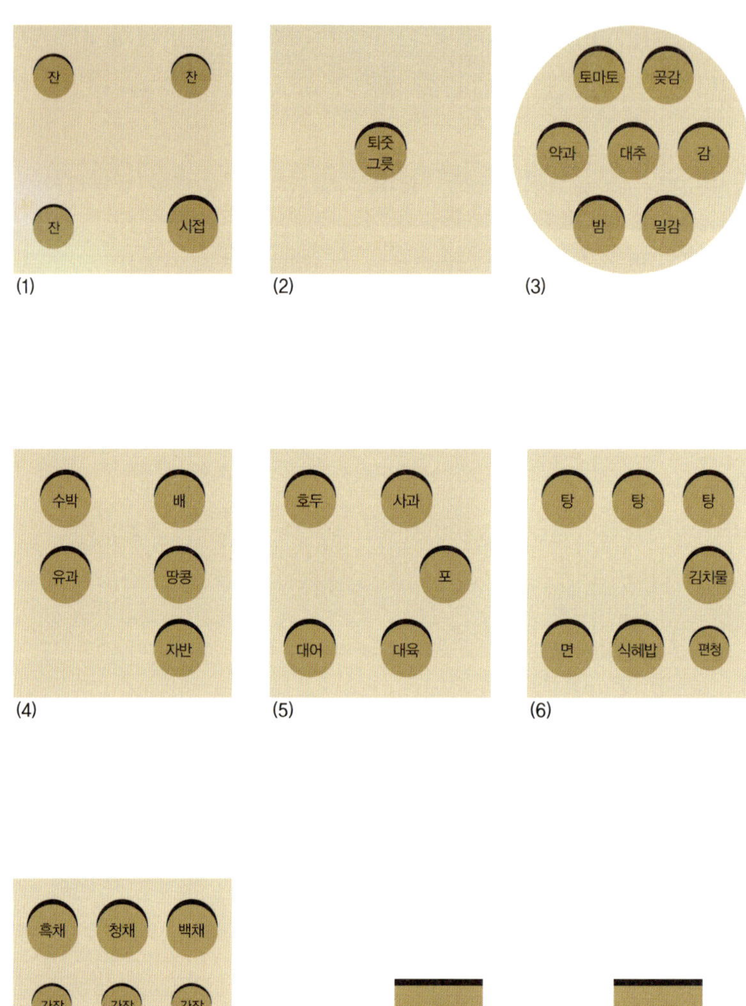
잔
잔
잔
시접
(1)
퇴줏
그릇
(2)
토마토
곶감
약과
대추
감
밤
밀감
(3)
수박
배
유과
땅콩
자반
(4)
호두
사과
포
대어
대육
(5)
탕
탕
탕
김치물
면
식혜밥
편청
(6)
흑채
청채
백채
간장
간장
간장
침채
침채
침채
제주
(7)
도적
(8)
편
(9)

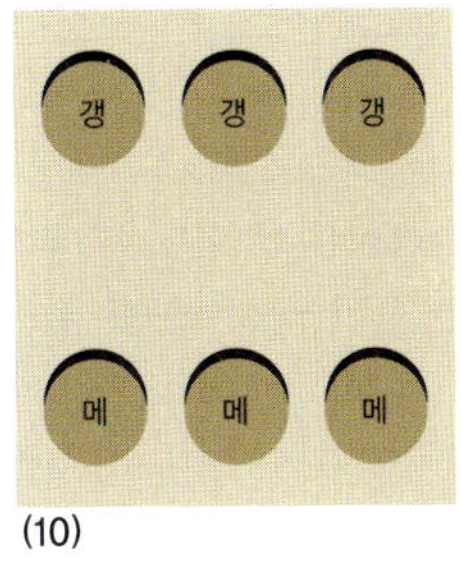

(10)

(11)

이렇게 차려 둔 음식은 저녁 7시 경이 되면 보백당으로 옮기기 시작하는데, 이동순서는 제사상에 차리는 순서와 같다.

1. 실과
2. 채소, 간장, 침채
3. 면
4. 식혜밥, 탕
5. 제주
6. 도적
7. 편
8. 메, 갱

이상의 주요 음식을 모두 옮기고 나면 나머지 빠진 것이 있는지 확인해서 옮긴다.

진설과 제사의례

불천위제는 제청인 보백당寶白堂에서 지낸다. 2005년 12월 17일 오후가 되면 보백당을 깨끗이 청소하고, 병풍과 고족상을 펴고, 교의를 놓는다. 고족상과 교의는 짙은 밤색으로 목제이다. 고족상은 2개를 나란히 붙여 두고, 교의는 3개를 둔다. 고족상 하나의 크기는 가로 107cm, 세로 75cm, 높이 100cm 정도이다. 제물의 양이 많아서 고족상 하나에 모두 올릴 수 없기 때문이다. 고족상의 앞 쪽에는 상 1개를 둔다. 상 위에는 향합, 향을 담아 두고, 그 옆에는 제주를 둔다.

제사를 지내는 시각은 대개 저녁 8시 무렵이다. 원래는 자정에 지냈으나 약 2년 전부터 변경되었다. 자손들이 종가를 떠나서 생활하므로 자정에 제사를 지낼 경우에 직장생활 등에 불편을 초래할 수 있기 때문이다. 원래 불천위에는 지손들이 많이 참석하지만, 2004년에는 날씨가 좋지 않아서 100명 정도만 참석했다. 8시경부터 제물을 진설하는데, 제물은 제청으로 운반해서 메, 갱, 탕을 제외하고는 미리 차려둔다. 이때 보백당 김계행과 부인의 것을 합설해서 제사상을 차리는데, 메, 갱, 침채, 잔은 각각 따로 올리므로 세 벌을 준비했고, 나머지 제물은 한 벌만 준비한다. 메, 갱, 탕은 따뜻하게 상에 올리기 때문에 제사를 지내기 직전에 올린다. 구체적인 상차림은 다음과 같다.

상차림 모습

진설陳設이 끝이 나면 의례는 출주出主, 참신參神 · 강신降神 · 진찬進饌, 초헌初獻, 아헌亞獻, 종헌終獻, 유식侑食 · 합문闔門 · 계문啓門, 사신辭神의 순으로 진행된다.

2004년도 불천위제는 저녁 8시경에 시작해서 8시 30분경에 끝이 났다.

의례가 끝이 나면 음복飮福을 한다. 제사에 사용한 음식은 조상이 드신 것이기 때문에 조상의 음덕을 기리고, 후손에게 기복하기 위

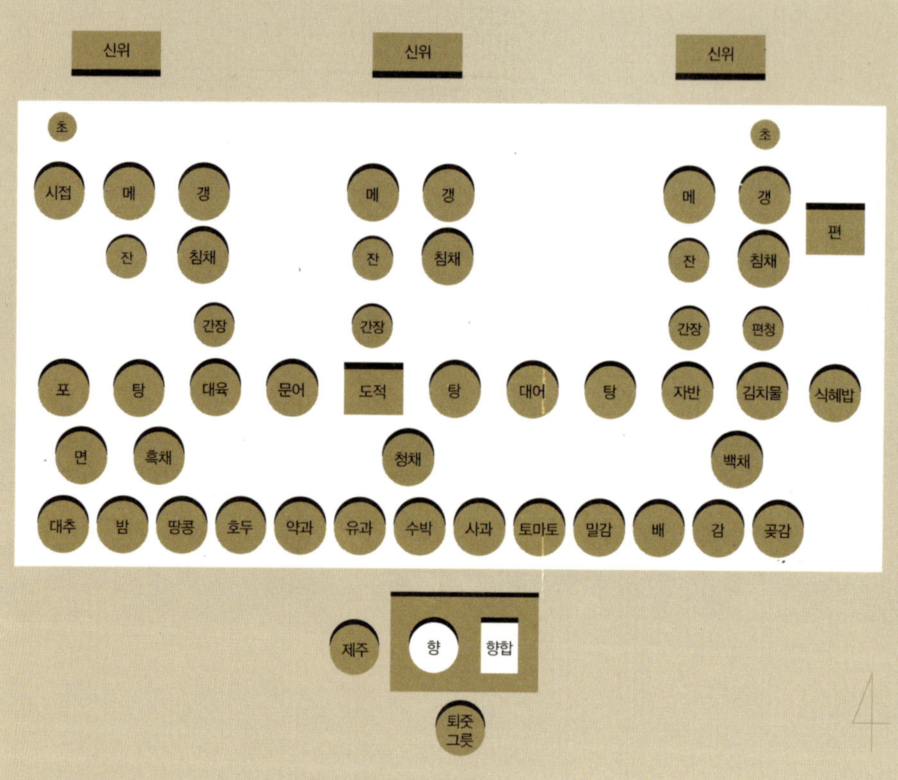

불천위제사 진설도

함이다. 그러나 유사와 문중 어른들은 제청에서 간단히 문중회의를 마치고 음복하는데, 문중 사람들이 모두 모이는 경우가 별로 없기 때문이다. 그 밖의 사람들은 안채와 사랑채에 앉아서 음복을 한다. 제사 때 사용한 밥과 나물을 넣고, 비비고 간장을 넣어 간을 본 다음

각자 그릇에 담아 준다. 과일, 전, 문어 등을 비롯한 제물을 썰어서 한 상에 차려낸다.

과거에는 음복을 하고 남은 음식은 참석한 사람들이 집으로 돌아갈 때 나눠주었다. 그러나 요즘은 음식이 흔하기 때문에 사람들이 제물을 싸 가기를 원하지 않는다. 또 음식을 가지고 가다가 옷에 비린내가 배는 경우가 종종 있기 때문에 좋아하지 않는다. 그래서 몇 년 전부터는 음식을 따로 봉송하지 않는다.

불천위시제 음식

보백당 김계행 종가에서는 해마다 음력 10월 12일에 시제를 지내는데, 2005년도에는 11월 13일 경북 예천군 호명면 직산에서 모셨다.

시제를 지내기 위해서 위토, 재사를 두고 이를 관리하는 사람이 있다. 이들은 위토를 경작하고 재사를 관리하며 시제에는 제물을 만들었다. 과거에는 위토를 경작하고자하는 사람이 많았으나 최근에는 인력을 구하기가 쉽지 않았다. 그래서 산소만이라도 관리해줄 사람을 구했던 적도 있었다.

약 3년 전부터 전근태 씨(70세)와 그의 가족이 재사에 거주하면서 위토와 건물 등을 관리하고 있다. 시제가 있을 무렵에는 묘소의 풀을 베고, 재사에 불을 지피며, 제기를 닦는 등의 일을 하지만, 제물을 만들지는 않는다.

제물 준비와 운반

시제에 사용하는 그릇은 모두 목기였는데 재사에 따로 보관해 두고 사용했다고 한다. 그러던 것이 모두 도둑을 맞았기 때문에 지금 사용하는 것으로 새로 구입하게 되었다. 지금 사용하고 있는 그릇은 모두 유기로 된 제품인데 시제 하루 전날 전근태 씨의 처가 모두 끼내어 깨끗이 닦아 눈다.

11월 12일 오후에는 유사와 총무가 안동장에 가서 제물을 마련한다. 제비는 120만원 정도 되는데, 순수하게 보백당의 시제만을 위한 금액은 아니다. 12일, 13일에 시제를 지내기 위해서 한꺼번에 제물을 구입하고, 이에 따른 교통비, 식대 등을 모두 포함하기 때문이다.

김칠동 씨(63세), 김태현 씨(65세), 김승현 씨(56세), 김경연 씨(48세) 등이 제물을 마련했다. 이들의 말을 빌자면 "시제도 불천위제사를 모실 때처럼 메, 갱, 나물 등을 마련해서 사용했지만 지금은 만들 사람이 없기 때문에 생략한다."고 했다. 그런 까닭에 전 등은 모두 시장에서 맞춤으로 구입을 해 오고 편은 고임새까지 모두 끝난 상태로 도착했다.

여기에서는 탕만 만들고 구입해 온 재료들을 제기에 담기만 했다. 과일(사과, 배, 감)과 밤, 대추는 묘소에 가서 제기에 담았다.

시제지내기

시제는 오전 10시경에 보백당의 부친부터 아랫대의 순으로 시제를 지낸다. 과거에는 시제를 지낼 적에 300명씩 참석을 했으나 요즘은 50명 정도 참석한다.

제물을 만드는 방법은 기본적으로 불천위제를 지낼 때와 같지만, 메와 갱 등을 생략했기 때문에 제물이 간소화되었다는 점이 다르다. 대수가 높을수록 제물의 양과 고임을 높이하고, 불천위라 하더라도 윗대보다 제물이 많지는 않다.

제물의 목록은 제주, 밤, 배, 사과, 감, 대추, 포, 탕(육탕, 어탕, 소탕), 도적, 편, 편청이다.

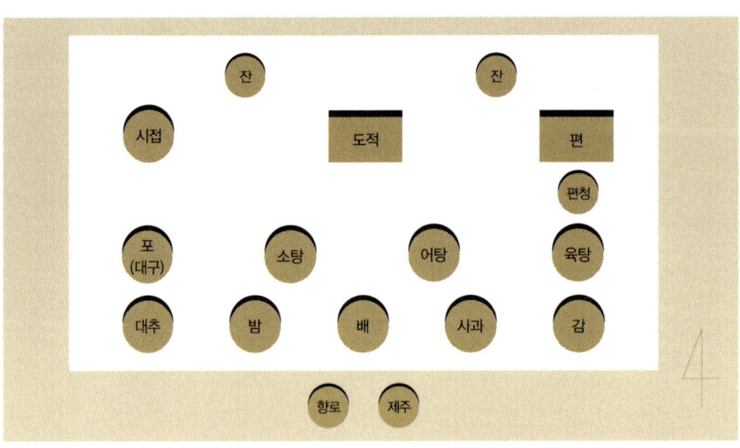

진설도

시제를 지내는 방법과 순서는 불천위 제사와 동일한데, 제물을 처음부터 모두 진설해 둔다는 점이 다르다. 시제가 끝이 나면 그 자리에서 음복을 하지 않고, 제물을 모두 모아서 재사로 옮긴다.

음복

몇 년 전만 하더라도 시제를 지내고 난 음식으로 음복을 하고, 절편으로 떡국 같은 것을 끓여 먹었다. 지금은 음식을 만들 사람이 없기 때문에 제물로 간단히 음복을 한 다음, 식당으로 가서 밥을 먹는 식으로 진행한다.

음복

제사음식의 특징

음식은 인간이 이룩한 수많은 문화 중에서 하나이고, 다른 문화 요소와 유기적인 관계를 맺고 있다. 음식을 이해한다면 음식 뿐 아니라, 그것을 둘러싸고 있는 문화적 환경에 관한 이해도 가능해진다. 여기에서는 종가음식을 통해서 종가의 문화를 이해할 수 있는 기회로 삼으려고 한다. 종가의 음식 중에서도 의례에 사용되는 음식은 나름대로의 상징을 가지고 있는데, 특히 제사음식은 조상을 받드는 후손들의 정성을 잘 표현해 주고, 산 사람 간의 문화적 관계와 사회적 상황 등에 따라 달리 나타나기도 한다.

앞에서도 잠시 언급했지만, 지금까지 우리 사회가 여러 가지 사회·문화적인 변동으로 인해 많은 변화를 겪어 왔기 때문에 제사에 사용되는 음식도 꾸준히 변모해왔다. 여기에서 과거 어느 시점의 제사음식이 이러했다거나 어떤 식으로 바뀌었다는 단정斷定은 내릴 수 없다. 다만, 종가 사람들의 기억 속에 남아 있는 제사음식을 확인해 보고, 그것이 어떤 이유에서 바뀌게 되었으며, 바뀐 시점은 언제인가, 또한 그 시점의 사회 · 문화적 변동의 요인은 무엇인가를 알아볼 수 있다. 이로써 오늘날 제사음식이 어떻게 해석될 수 있는가[4]의 문제로 발전할 수 있을 것이다.

여기에서는 앞의 내용을 바탕으로 이 종가의 제사음식의 특징을 개별적 특징과 일반적 특징으로 나눠보겠다. 먼저 개별적 특징에 관해 살펴보고, 일반적 특징에 관해 언급할 것이다.

개별적인 특징은 어느 종가에서만 나타나는 특수한 상황으로 종가의 지리적 환경, 지역적 특성, 역사 등과 관련이 있다. 개별적인 특징은 다음과 같다.

첫 번째, 침채와 김치물은 각각 갱에 콩나물과 무채를 몇 개 띄운 것과 갱으로, 식혜밥은 간장, 참기름, 밥을 비벼 만든 것으로 대체된다는 점이다. 침채와 김치물, 식혜밥을 만드는데 드는 노력과 시간 등을 고려한다면 다른 제물을 만들 때 사용한 재료를 조금만 변형해서 이용하는 것이 편리하기 때문이다. 그러나 간과할 수 없는 것은 제사라는 의례에 사용되는 음식이 형식적으로는 침채, 김치물, 식혜밥으로 지칭될지라도 내용에 있어서는 반드시 그것이 아닐 수도 있다는 점이다. 이것은 의례에 사용되는 음식의 일정한 형식을 갖추기 위함으로 이해된다.

두 번째, 안동에서는 의례음식으로 문어를 사용한다고 생각한다는 점이다. 그러나 서론에서 언급한 것처럼 안동에서 교통과 냉장

4_ Roger L. Janelli · 임돈희 저, 김성철 역, 『조상의례와 한국사회』, 일조각, 2000 참조.

시설 등이 발달한 근래에 와서 살아있는 문어를 의례음식으로 사용했고, 그 역사가 20년이 채 되지 않는다는 것을 알 수 있었다.

일반적인 특징은 시대적 상황에 따라 어느 가문을 막론하고 나타나는 보편적인 현상인데, 다음과 같다.

첫 번째, 제례음식의 상품화가 진행되고 있다는 점이다. 1960년대 이후에 시작된 급속한 경제발전으로 인해 산업화, 도시화, 여성의 취업증가, 식품공업의 발달이 이루어졌다. 이로 인해 일상적인 음식에서 뿐만 아니라 의례음식에도 변화가 생기기 시작했다. 지금까지의 변화를 살펴본다면 제례음식은 다른 의례음식과 비교할 때 상품화가 덜 되었다는 점을 알 수 있다. 그러나 제사를 지낼 때 올리는 유과, 약과, 편 등 시간과 노력이 많이 드는 것에 관해서는 오늘날 대부분의 가정에서 구입해서 사용하고 있는데, 이 종가에서도 예외는 아니었다.

두 번째, 제사음식에 대한 문화적 지식[5]은 성별에 따라 다를 수 있다. 제사음식을 만들고, 괴는 과정에서 성별에 따른 분담이 이루어진다. 여성은 메, 탕 등 대부분의 음식을 만들고 괴는 반면에 남성은 도적을 비롯한 해산물과 포, 밤, 대추, 호두, 땅콩, 편을 준비한다. 이로써 음식을 취급하는 문화적 지식은 성별에 따라 달라질 수 있다. 여성은 남성이 담당하는 제사음식을 취급하기 어렵고, 남성은 여성이 마련하는 것을 알 수 없다.

이러한 사항은 음식을 만들거나 괼 때 뿐 아니라 제사를 지낼 때

5_ 김일철 외, 『종족마을의 전통과 변화』, 백산서당, 1998, 218쪽.

도 나타난다. 제사에는 남성들만 참여하는 것으로 여겨지지만, 여성들은 음식이 어떠한 규칙으로 상에 차려지는지 잘 알지 못한다. 제사음식은 그것을 공유하는 집단 내부의 사람들만이 가질 수 있는 독특한 문화로서 타인이 쉽게 모방할 수 없다는 특성을 가지지만, 같은 집단이더라도 성별에 따른 문화적 지식이 다르다는 점을 알 수 있다.

지금까지 보백당 김계행 종가의 제사음식과 제사음식의 특징에 관하여 살펴보았다.

진원박씨 죽천

박광전 종가

박광전(1526~1597)은 호남 퇴계학맥을 계승한 성리학자이며, 임진 · 정유 양란에 의병장으로 활약한 선비이다. 자는 현재, 호는 죽천이며 본관은 진원이다.

제1장

죽천 박광전 종가의 내력

죽천 박광전

박광전朴光前(1526~1597)은 조선 중기 전라도 보성 출신으로서 퇴계문하에서 학문을 닦아 호남 퇴계학맥을 계승한 적전으로 추앙받는 성리학자이며, 임진 · 정유 양란에 의병장으로 활약한 도학과 절의가 뛰어난 선비이다. 자는 현재顯哉, 호는 죽천竹川이며 본관은 진원珍原이다.

선대가계

진원박씨는 고려조의 대장군을 지낸 박진문朴進文을 시조로 한다. 진원박씨 족보에 의하면 "시조 진문공은 신라 박혁거세의 왕손으로 고려조에서 벼슬하여 지위가 대장군에 이르렀고 그 이상은 문적이 없어 상고할 수 없다."고 기록되어 있다.

진원은 백제시대에 구사진혜현丘斯珍兮縣(약칭 구진)이라 하였는데, 통일신라 때 진원현이라 개칭되고, 고려 때에 나주의 속현으로 되었다가 조선시대에 다시 현으로 복원되었다. 조선 중기 이후 현의 명칭이 없어지고 지금은 장성군 진원면으로 그 이름이 남아 있다.

시조로부터 7세까지의 상계 선조들의 주거지는 기록이 확실치 않고, 8세 박희중朴熙中(호 위남葦南) 때부터 진원에 세거하였다. 죽천의 6대조인 위남공은 조선 개국초인 1393년(태조 2)에 생원시에 합격하고, 태종 즉위년에 문과에 급제하여 내외 현직을 두루 역임하여 진원박씨 가문의 현조로 추앙되고 있다. 관직에서 물러난 후에는 위남어수라 자호하고 농사와 낚시로 유유자적하면서 후진양성에 전념하였다. 이때 가훈으로 '청백전가淸白傳家'라는 4대자를 써서 후세에 남겨 누대의 가풍으로 삼게 되었다.

위남공은 부인 영광오씨 사이에서 3남 4녀를 두었는데 세 아들이 모두 생원시에 합격하였다. 장남 휘생이 보성선씨에 장가든 인연으로 보성군 노동면에 이거하여 보성 입향조가 되고 그 직손이 보성 종파로서 크게 번창하였다. 차남 곤생과 삼남 진생의 후손들은 장성중파, 장성계파로 분파되었다.

보성종파 휘생의 아들 문기는 사온서직장을 지냈는데 죽천의 고조부이다. 세 아들 홍원 · 계원 · 윤원이 모두 사마시에 합격하여 생원, 진사가 되었고, 이들 3형제가 분파하여 보성을 중심으로 장흥, 고흥, 순천, 여수 등지로 분산되어 집성촌을 이루며 세거하게 되었다. 이렇게 하여 보성의 종파 · 중파 · 계파와 장성의 중파 · 계파를 합하여 진원박씨 5파라 일컫는다.

진원박씨 선대세계도

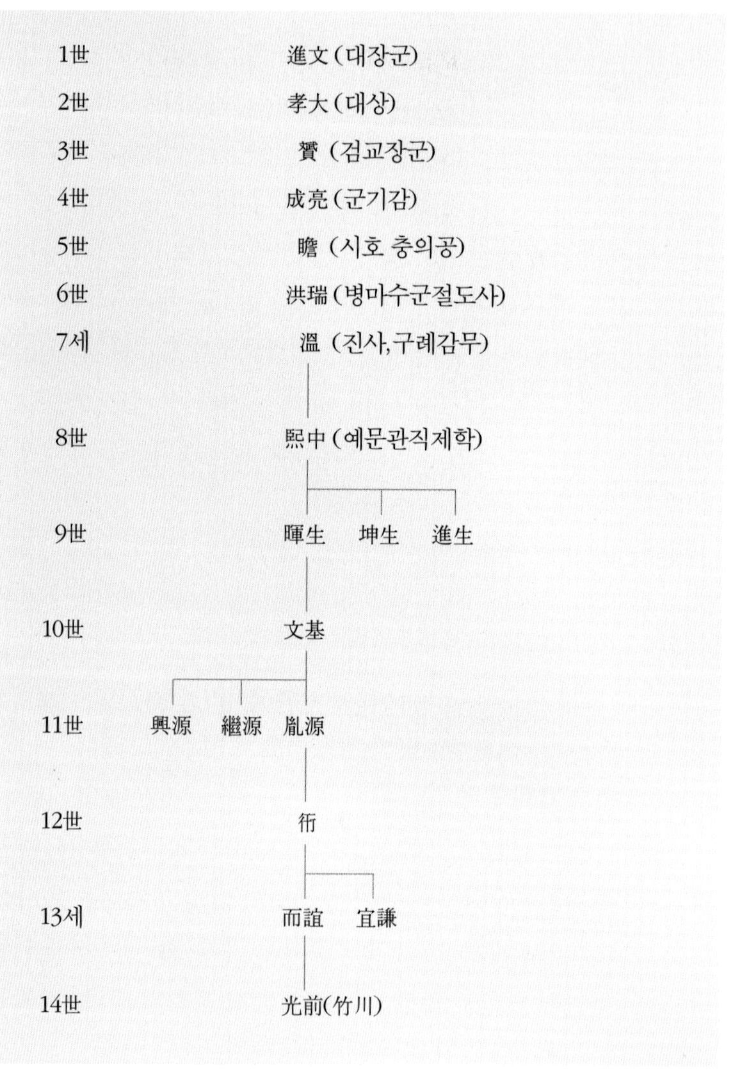
1世 進文(대장군)
2世 孝大(대상)
3世 贇 (검교장군)
4世 成亮(군기감)
5世 瞻 (시호 충의공)
6世 洪瑞(병마수군절도사)
7세 溫 (진사, 구례감무)
8世 熙中(예문관직제학)
9世 暉生 坤生 進生
10世 文基
11世 興源 繼源 胤源
12世 衎
13세 而誼 宜謙
14世 光前(竹川)

생애

죽천은 1526년(중종 21) 1월 16일 보성 조양리(지금의 조성면 용전리)에서 아버지 진사 박이의朴而誼와 어머니 낭주최씨의 장남으로 태어났다.

어릴 때부터 스스로 공부하여 신동이라는 칭찬을 들었으며, 소년 시절에 이미 사서와 삼경을 읽고 특히 경학에 능하였다.

9세 때에 홍양(현 고흥)에 유배와 있던 인재 홍섬(1504~1585)에게 처음으로 수학하였고, 22세 때는 송천 양응정(1519~1581)의 문인이 되었다.

어린 나이에 "한 번 크게 공자의 도를 이루리라."는 원대한 뜻을 품고 부친의 권유에 따라 과거공부를 시작하였지만, 그의 마음은 항상 사장학보다는 도학에 뜻을 두었다. 일찍부터 『성리대전』을 구하여 읽고 성현의 위기지학에 뜻을 두고 천리와 인성의 깊은 뜻을 탐구하였다.

30대에 죽천 위에 정사를 짓고 학문 연구에 정열을 쏟았고, 또 천봉산에 들어가 강학에 전념하는 등 실로 도학을 갈고 닦아 그 경지를 높이는 일로 젊은 시절을 보냈다. 이와 같이 평소에 성리의 학, 위기의 학에 관심이 깊었으므로 1566년 41세의 늦은 나이에 경상도 예안의 퇴계 이황(1501~1570) 선생을 찾아가 제자의 예를 갖추었다. 그리고 떠나올 때 퇴계로부터 『주서절요』 한 질을 받아, 이를 깊이 연구하여 퇴계 선생과 문답한 『주서절의』를 지었으며, 이로 인하여 그는 주자학의 정통을 이은 퇴계 문하의 고제가 되었다.

43세 때인 1568년(선조 원년) 처음 사마시에 올라 진사가 되었고, 이 때 전라도 관찰사로 내려온 미암 류희춘(1513~1577)이 학문과 덕행이 뛰어난 호남지방 선비를 추천할 때 수위로 천거되어 경기전 참봉을 시작으로 벼슬길에 올랐다.

미암은 죽천을 천거하면서 "어버이를 섬김에 효도를 다 하고 거상에 예를 다 하였으며, 자신을 지킴에 법도가 있었고, 남을 가르침에 게으름이 없었기 때문에…" 그 훌륭한 행실로서 천거하게 되었다.

56세(1581) 때에 왕자(광해군)의 사부가 되었는데 오직 학문의 전수에만 전념하였을 뿐, 이를 기회로 하여 일신의 영달을 꾀하거나 권세를 지닌 정파와 야합하는 일이 없었다. 이때 왕자가 취학할 나이가 되었는데, 조정에서는 근신하고 순정한 사람〔純正之人〕을 가려 보도의 책임을 맡겨야 하기 때문에, 죽천을 사부로 뽑았던 것이다. 강학이 정명하고 바르게 보도함에 선조는 모르는 것은 박사부에게 배우라고 할 만큼 그를 존중하였다.

그 후 사헌부감찰을 거쳐 함열현감과 회덕현감 등 지방 수령직을 역임하였는데, 국가의 재물을 절약하고 "백성 보기를 다친 사람을 보살피듯이 하라〔視民如傷〕."는 가르침을 실천하여 애민, 위민의 모범적인 관인생활을 하였다.

순수하고 독실했던 죽천의 도학정신은 부조리한 정치현실과 국난에 임하여 절의 실천으로 더욱 빛을 발하였다.

1592년 임진왜란이 일어나 국가의 형세가 위태롭고 백성의 생활이 도탄에 빠지게 되자, 전라도 각 고을에 창의를 호소하는 격문을 돌리고 700여 명의 향병들을 모았다. 그러나 그는 67세의 고령인데다 병까지 있는 상태였기 때문에 직접 의병대장을 맡지는 못했다. 대신 임계영을 의병대장으로 삼고, 처남 문위세에게는 군량을 모집하는 업무를 맡기고, 문인 정사제를 종사관으로 삼았으며, 자신의 아들인 근효를 참모로 삼았다. 이렇게 죽천이 주동이 되어 창의한 의병들은 금산과 무주 등지를 왜군의 침략으로부터 방어하는 데 공을 세웠다.

1597년(선조 31) 정유재란이 일어나 적이 호남을 침범하자, 72세의 노구를 이끌고 다시 의병을 모집하고 의병장이 되어 싸웠으나 그 해 72세를 일기로 세상을 떠났다.

죽천의 학문과 절행은 하서 김인후, 고봉 기대승, 일재 이항, 미암 유희춘 등과 더불어 '호남의 오현'으로 추앙되었다.

사후 1610년(광해군 2)에 승정원 좌승지 겸 경연참찬관에 증직되고, 후에 다시 이조판서에 추증되고 보성 용산서원에 제향되었다. 시호는 문강이다.

청백 · 충의가문

죽천 가문은 위남 선조의 '청백전가淸白傳家' 유훈 이래 벼슬길보다는 깨끗한 선비 집안으로 시종하며, 나라가 위기에 처했을 때는 분연히 창의하는 충의가문으로 이름나 있다. 직계자손에서 9대에 걸쳐 잇달아 진사가 배출되는 기록을 세우고, 전후 합하여 모두 62

명이 생원 · 진사에 합격했으면서도 유별나게 대과는 기피하여 응시하지 않았다. 일반적으로 조선 중기의 참선비들은 위기의 도학〔爲己之學〕에 전심하여 벼슬에 나아가는 것을 중하게 여기지 않는 관행이 대세를 이루었다. 죽천과 같은 영재도 예외가 아니어서 뒤늦게 소과만 치르고 도천 참봉이나 왕자사부 같은 영광스러운 소임을 수행한 다음 외직인 현감 두 자리를 거치는 정도에 그쳤던 것이다.

임진왜란 시에는 죽천과 그의 장남인 만포 박근효, 차남인 옥현 박근제 등 3현이 의병운동에 참가하여 세칭 '삼부자창의'란 말을 들었다. 병자호란 시에는 죽천의 손자이자 근효의 장남인 춘수와 차남인 춘장, 근제의 아들인 춘호, 그리고 증손인 진형 등 4현이 의병운동에 뛰어들어 이른바 일문칠현의 의거가 이루어진 것이다.

부자조손 및 형제숙질이 참여한 사세칠현의 의병활동을 기록한 『박씨칠현거의록』이 전한다.

박근효(1550~1607)는 죽천의 장남으로 자는 입지, 호는 만포이다. 1591년 진사시에 합격하였다. 성균관에 입학하여 공부하던 중 임진왜란이 일어나자 고향으로 내려가 부친의 의병창의에 가담하였다. 전라좌의병의 참모관으로 출전, 영남지방에 진군한 뒤 개령과 성주성 전투에서 대첩을 거두고 이 지역을 수복하는 데 큰 전공을 세웠다.

1593년 6월 제2차 진주성전투에도 출전하였으나, 성이 함락되고 성중의 의병지도층이 모두 전사하였을 때 그들과 함께 죽지 못한 것을 평생 한탄하였다.

정유재란시 역시 부친을 따라 의병활동에 임하였고, 전후 그 군공으로 장수현감에 제수되었으나 나아가지 않았다. 사후에 사헌부 감찰에 증직되었다.

박근제(1560~1629)는 죽천의 차남으로 자는 입보, 호는 옥현이다. 임진왜란시 부친의 명에 따라 형 근효와 함께 전라좌의병에 종군, 군공으로 참봉에 제수되었으나 나아가지 않았다. 정유재란시에 부친이 노환임에도 불구하고 의병장에 추대되자 종사관으로 참전, 그 해 11월 18일 부친이 진중에서 순절할 때까지 수행하면서 충효를 함께 실천하였다.

박춘수(1590~1641)는 박근효의 장남으로 자는 언실, 호는 아수재이다. 1627년(인조 5) 진사시에 합격한 후, 종묘서직장 · 연원찰방 등을 역임하였다. 1627년 정묘호란시 의병을 일으켜 우산 안방준을 의병장으로 추대하고, 그의 종사관으로 여산까지 출정하였다. 병자호란이 일어나자 아우 춘장, 조카 진형과 함께 격문을 돌려 다시 의병을 일으켰다. 호남의병군이 여산에 총집결하여 청주까지 북상하였으나, 인조가 삼전도에서 청태종에게 항복하였다는 소식으로 듣고 대성통곡하고 퇴각하였다.

따라서 죽천의 일가친척이 의병활동을 한 것은 임진왜란에 그친 것이 아니라 병자호란까지 부자 조손 및 형제 숙질이 대를 이어 계속하였다. 진원박씨 '4세 7현' 의 충의정신은 그 후 후손들에게도 전승되어 근세까지도 많은 지사들을 배출하였다.

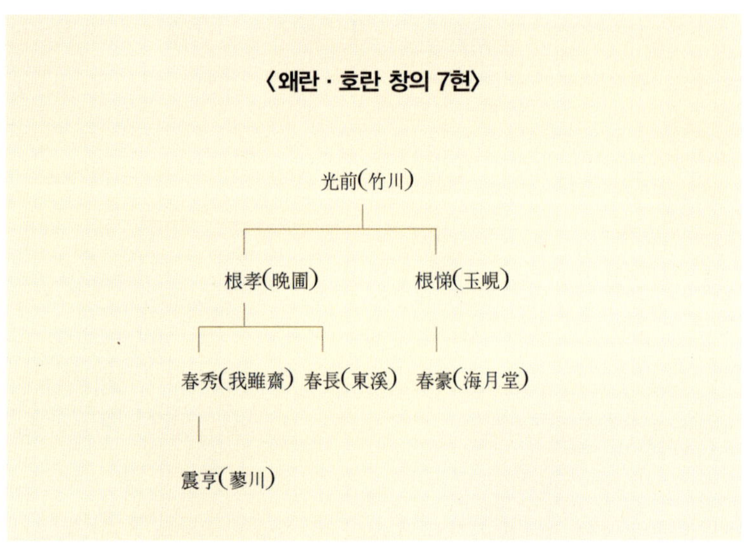

죽천 후손의 일관된 청백 가풍은 오늘날까지도 영향을 미쳐 후손들은 권력의 길보다는 주로 교육계나 언론계, 예술 방면에 종사하고 있는 사람이 많아 선비가문의 전통을 면면히 이어가고 있다.

종가마을과 유적

종가마을

진원박씨는 보성과 장흥을 비롯하여 전라남북도에 분포하여 세거하고 있는데 장종파의 종택은 보성군 겸백면 사곡리(모래실)에 있다. 이 마을은 금화산(초암산)을 주산으로 등지고 석호산을 안산으로 하여 사방이 얕은 야산으로 둘러싸인 분지이며 옆으로는 보성강 상류가 흘러 전형적인 배산임수의 길지이다.

죽천의 5대조 박휘생이 진원에서 처음 보성에 이거하였고, 죽천 당시의 종택은 조성면 용전리에 있었으나 죽천 사후 묘소를 이곳 뒷산에 안장한 후 아들들이 시묘하고 수호하기 위하여 이 마을로 이주하여 살게 되면서 마을이 생겼다고 한다.

죽천은 1597년에 11월 18일 화순 모후산 우거에서 72세로 세상을 떠났다.

죽천의 묘역

정유재란 난리 중이라 장례를 제대로 치르지 못하였는데, 2년 후 1599년(선조 33) 10월 6일에 이곳 금화산에 장사지냈다. 동궁은 사부에 대한 예우로 궁중 지사地師를 보내어 길지를 택하게 하고 전라감사에게 유시하여 후하게 부의하였다. 묘소 앞에는 광해군이 직접 보내온 높이 1m의 광명석 '예장표禮葬表'가 있었는데, 몇 년 전에 도난당하였다고 한다.

묘지명은 도곡 이의현이 짓고, 묘갈명은 도암 이재가 지었다.

죽천 묘소 장례 후 죽천의 조부와 부친의 묘소도 이곳으로 이장하고, 그 아래에 죽천의 아들 근효, 손자 춘수, 증손자 진형의 묘소도 차례로 모시게 되어 6세의 선산이 되었다.

신도비

묘역 아래에는 죽천의 부조묘와 제각인 화산재가 있다. 부조묘는 죽천의 불천위 사당이고 화산재는 제사를 모시는 재실이다. 사당 안에는 정면에 죽천의 신주를 모시는 감실이 있고, 우측 동벽에 4대조의 신주가 봉안되어 있는데 지금의 건물은 1935년에 중건한 것이다. 화산재는 정면 3칸, 측면 2칸의 팔작지붕 건물로 전 3칸은 대청, 후 3칸은 온돌방으로 꾸며져 있다. 금화산의 이름을 따서 '화산재'라 이름하였고, 편액은 주자의 글씨를 집자하여 걸었다. 1954년에 중건하여 지금에 이르고 있다.

묘역 아래 길가에는 1921년 세운 귀부와 이수를 갖춘 신도비가 서 있다. 비문은 조선 말 호남의 대학자인 간재 전우가 지었고, 글씨는 동춘당 송준길의 글씨를 집자하였으며, 전액은 선원 김상용의 글씨를 집자하여 새겼다.

현재 모래실 마을은 죽천의 장손인 진형과 다섯째 손자인 제형의 자손들이 사곡 종파와 지파를 이루며 400여년 동안 세거해 오고 있다. 이 밖에 보성군내 진원박씨 집성촌으로는 노동면 봉동과 웅치면 봉선리(삼수)가 있다.

주서절요 8책

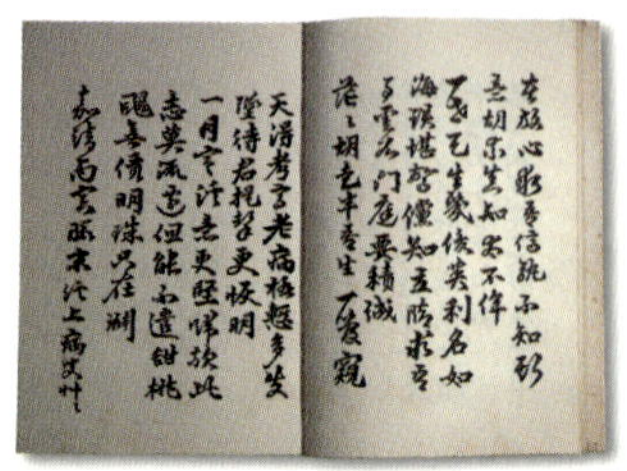
죽천 필본

유물유적

죽천사당에는 전원박씨의 가훈인 '청백전가淸白傳家'(위남 글씨)의 판각이 붙어 있고, 위남의 시문 친필적과 죽천의 문집판 목판 5책분, 그리고 시호교지, 전국에서 유일한 퇴계 친필 『주서절요』 8책 등을 가보로 소중히 간직하고 있다.

이 밖에 죽천이 생전에 문인들과 함께 강론하던 죽천정과 우계계곡, 용산서원유허 등의 유적이 남아 있다.

용산서원

죽천의 사후 10년이 되던 1607년(선조 40)에 지방유림의 공의로 죽천의 학문과 덕행을 추모하기 위하여 서원 건립이 추진되었다. 서원 건립에는 그의 문인인 안방준이 직접 통문을 작성하여 각 고을의 유림에게 전하고 도내 사림의 협조를 얻어 보성군 미력면 대룡산 서북쪽 기슭 죽천정사 빈터에 서원을 건립하였다.

광해군 즉위 후, 1610년(광해군 2)에 왕세자 때 그의 사부였던 죽천에게 승정원 좌승지 겸 경연참찬관을 증직하였고, 1707년(숙종 33) 설립된 지 100년 만에 '용산서원'으로 사액되었다.

1871년(고종 7) 대원군의 서원철폐령으로 훼철되었는데, 1987년 도내 유림이 발의하여 서원이 있던 마을 입구에 유허비를 세웠다. 비문은 이조참판을 지낸 민병승이 지었고(1929), 용산서원의 편액을 썼던 취몽헌 오태주의 글씨를 집자하여 새겼다.

장수보

죽천이 45세 되던 1570년(선조 3) 전국에 가뭄으로 큰 기근이 들자 근처 농민들을 동원하여 대내 남쪽 골짜기에 방죽(죽천제방 : 보성읍 용문리)을 쌓았다. 큰아들 근효도 부친을 따라 임진 · 정유 양란에 창의하여 공을 세워 장수현감에 제수되었으나 부친상을 이유로 나아가지 않고 상복을 벗은 뒤 보를 쌓았는데 지금도 장수보가 남아있다.

우계와 산앙정

우계愚溪는 죽천이 34세 되던 해인 1559년에 보성군 문덕면 죽산리 천봉산 아래에 여름철 휴양과 강학처로 조성한 곳이다. 이곳은 숲과 시냇물과 바윗돌이 한데 어울려 수려한 경관을 이루는 곳으로, 심산수련의 도장으로 동산을 조성하고 그 경관에 따라 20여개의 이름을 지어 붙였다. 죽천은 이곳을 '우계'라 이름하고 물가 '구암龜巖' 바위에 '우계'라는 두 글자를 새겼는데 지금도 그 바위에 글자가 남아 있다.

왜 '우계'라 이름하였는가. 그가 남긴 「우계기」에서 다음과 같이 말하고 있다.

> 만난다는 것은 무엇을 뜻하는가. 적막한 물가에서 무료할 때에 흐르는 물을 따라 걷다보면 우연히 시냇가에 이르러 이른바 뛰어난 경치를 얻게 되니, 이는 사람이 시내를 만난〔人遇溪〕 것이다. 처음 천지가 열려 사물이 생길 때에 이미 지형이 뛰어난 곳을 갖춰 놓았건만 광채를 감추고 숨긴 지 몇 해 만에 비로소 우리들에게 발견되니. 이는 시내가 사람을 만난〔溪遇人〕 것이다. 천지 사이에 만물은 모두 운수가 있음을 나는 여기에서 분명하게 징험하였다. 그러니 어찌 또 '못 만나게 될지' 알겠으며, 또 반드시 '오래도록 못 만남'이 없을는지 알겠는가? 돌에다 새긴 것은 뒷사람에게 자랑하려는 것이 아니라, 훗날 만나는 자로 하여금 오늘의 만남을 알도록 하려는 것이다.

우계의 맑은 경치와 학문을 통해 심신을 수양하는 과정을 수려한 문체로 표현한 「우계기」는 천하의 명문으로 알려져 있다. 당시의 도학자 송천 양응정은 우계기를 읽고 탄상하였다고 하며, 뒷날 농암 김창협은 "훌륭한 문장이다. 만일 도학으로부터 흘러나온 것이 아니라면 어떻게 문文과 질質이 이처럼 빛날 수 있겠는가."라고 극찬하였다고 한다.

우계동산은 죽천 사후 점차 쇠락하여 흔적조차 없어졌는데, 일제강점기 시대에 후손들과 보성의 유림들이 그의 학문과 절의를 기리기 위하여 유적을 찾아내어 우계에 산앙정을 세웠다. 1929년에 공사를 시작하여 1935년에 완공하고, 편액은 주자, 퇴계, 우암 세 선생의 글씨를 집자하여 '산앙정山仰亭'이라 하였다. '산앙'이란 말은 '도학과 절의로 뛰어난 인물을 높은 산처럼 우러러보는 것은 사람의 떳떳한 도리이다〔道德節義之爲人高山仰止〕'라는 말에서 따온 것이다.

죽천정사

보성군 상류인 광탄천의 대내(죽천)골은 죽천이 제자들에게 강학하던 곳이다

32세 되던 1557년 이곳 화전봉 산기슭에 정사를 짓고 위기지학에 전념하니 정길 · 안중묵 · 서정달 등 제자들이 모여들었다.

남해안에 왜구의 출현이 빈번해지고 흥양 근해까지도 내습할 징조가 보이자, 활터를 만들어 매일 여가를 이용해서 활을 쏘게 하고 문무를 겸비한 인재를 양성하여 국난에 대처해야 함을 역설했다.

64세(1589)에 회덕현감에서 물러나 귀향하여 정사를 대룡산 북서 산기슭(우와실)에 이건하였다. 원래의 자리는 동쪽으로 앞들이 툭 트여 광활하고 풍광이 아름다워 호연지기를 기르기에 알맞은 곳이지만, 정숙한 맛이 부족하여 아늑하고 조용한 곳으로 옮겼다.

역과대 마을(보성읍 용문2리) 뒷산 중턱에는 정사의 터 주춧돌이 아직도 남아 있다.

죽천정

보성군 노동면 광곡리 보성강 상류 대내골에 죽천정이 있다.

이곳은 죽천이 초년에 강학하던 곳으로 이 지방 사림과 후손들이 뜻을 모아 해방 후 1949년에 정자를 짓고 그의 호를 따서 '죽천정' 이라 이름하였다. 죽천이 세상을 떠난 지 350년이 지난 뒤의 일이다. 기문은 오진영, 안규용이 짓고, 사실기는 후손 박태선이 지었다.

정자는 정면 3칸, 측면 1.5칸의 팔작지붕 건물인데 전면 중앙에 '죽천정', 좌우에 주자의 글씨를 집자한 '연비어약鳶飛魚躍', '광풍제월光風霽月' 편액이 붙어 있고 기둥에는 죽천의 8세 때 지은 '응친명應親命' 시와 11세 때 지은 '소상야우도瀟湘夜雨圖' 시구가 걸려 있다.

'응친명'은 8세 때에 아버지 진사공이 '도道'와 '위爲' 자를 앞뒤로 하여 시를 지으라고 하자, 이 글을 지어 어릴 때부터 뛰어난 문재를 보여주었고, '소상야우도'는 11세 때 전라감사가 순시 길에 시험삼아 글을 짓게 하니, 그 글로 주위를 놀라게 하였다는 일화가 있다.

應親命
道自天命豈人爲 (도자천명기인위)
爲一大成孔子道 (위일대성공자도)

도는 천명에서 나오니 어찌 사람에 의한 것이랴
한번 크게 공자의 도를 이루어 보리라

瀟湘夜雨圖
萬里沅湘碧玉流 (만리원상벽옥류)
疎篁一夜雨聲秋 (소황일야우성추)
煙沈橘柚洲前月 (연침귤유주전월)
風弄參差曲外愁 (풍롱참차곡외수)

漠漠歸舟沾灑灑(막막귀주첨쇄쇄)
微微漁火遠悠悠(미미어화원유유)
丹靑直見猿猩在(단청직견원성재)
天下騷人盡白頭(천하소인진백두)

만리 원상의 물은 푸른 옥빛으로 흐르는데
성긴 대숲엔 밤새도록 가을비 소리 처량하네
연기가 유자나무 물가 달빛을 잠재우고
바람은 퉁소소리에 실린 시름을 희롱하네
돌아가는 배 가물가물 파도에 적시고
고기잡이 불도 깜박깜박 시야를 벗어나네
붉고 푸른 그림 속엔 잔나비 그려져 있는데
온 세상 시인들은 모두 머리가 세어지네

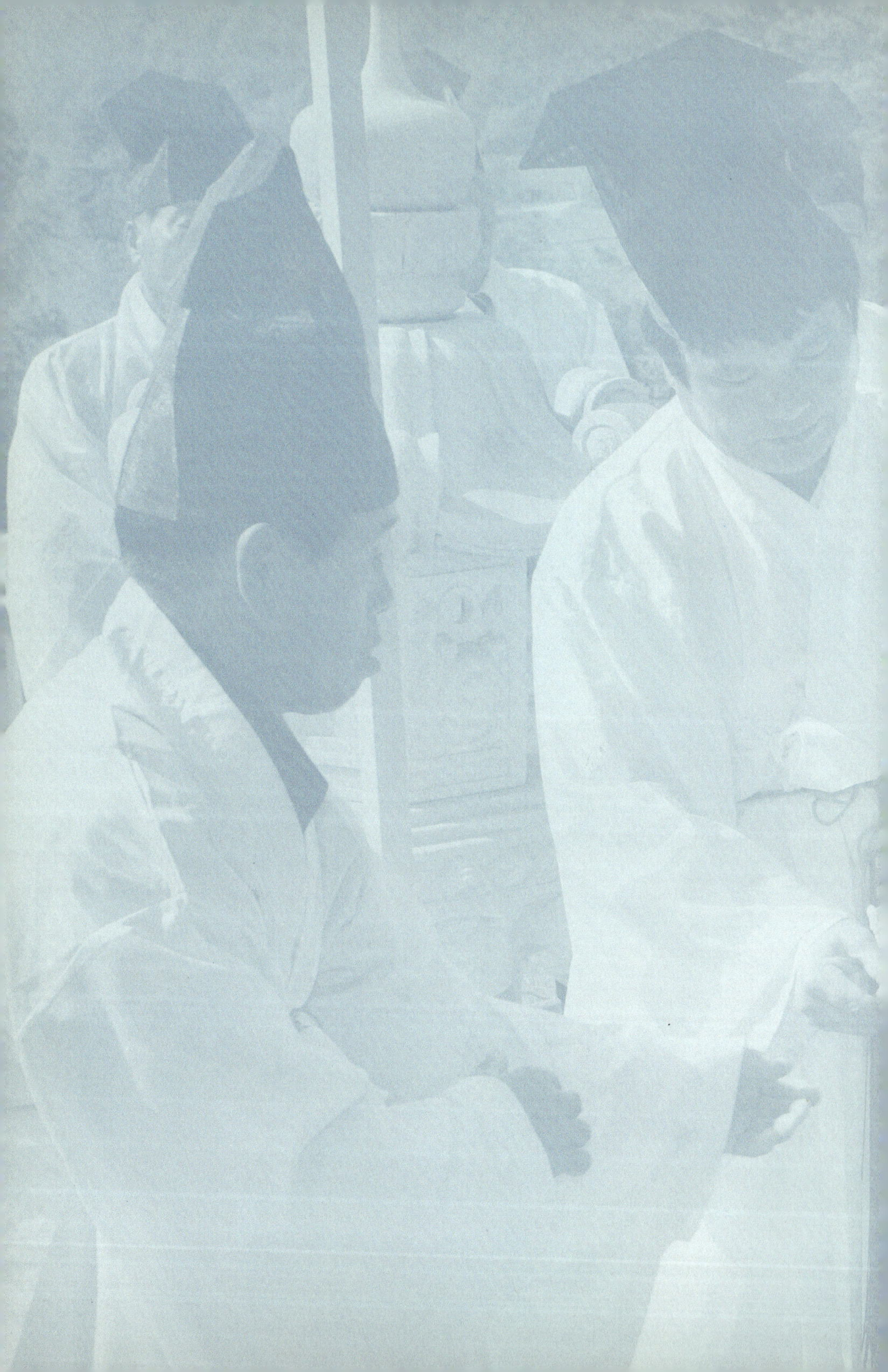

제2장

죽천 박광전 종가의 제사

불천위제사

죽천 종가의 제사는 죽천의 불천위제사를 비롯하여 4대조상의 기제사와 설날과 추석의 차례 및 묘제로 되어 있다. 이번 조사에서는 불천위제사와 묘제를 그 대상으로 하였다.

전통예법에서 기제사의 대상은 직계 4대조상이다. 종손의 고조부모로부터 증조부모, 조부모와 부모의 4대를 제사 지내기 때문에 4대봉사라고 한다.

불천위란 4대를 지나도 신주를 묻지 않고 자손대대로 영원히 제사를 받들어 모시는 조상이다. 현 종손 박종업 씨는 죽천의 15대손이다.

제례일시 및 장소

죽천의 불천위제사는 기일인 2005년 12월 19일(음력 11월 18일) 전남 보성군 겸백면 사곡리 종택 제청(화산재)에서 거행된다. 1597년(선조 31) 세상을 떠난 때로부터 409주기이다.

기제사는 기일에 지내는 제사이기 때문에 하루 선인 입세일에 제사를 준비하여 기일 당일 자정을 지나 새벽에 지내게 된다.

제례장소는 설날이나 추석 등 명절에 지내는 차례는 사당에 모시고 있는 모든 조상을 대상으로 하기 때문에 사당에서 지내지만 기제사는 기일에 해당하는 조상의 신주를 정침에 모셔내어 지내게 된

화산재의 모습

화산재 편액

다. 제청이 따로 마련되어 있는 종가에서는 제청에 출주하여 지내는데, 이 종가에는 종택 우측에 제청 화산재가 따로 건립되어 있다.

『주자가례』를 비롯한 예서에서는 기제사는 단지 한 분만을 모시고 제사지낸다고 되어 있지만, 우리나라에서는 전통적으로 인정상 그 배우자와 함께 지내는 것이 더 일반적이다. 지방과 가문에 따라서 단설로 지내는 집도 있다.

집사분정

입제일 오후부터 경향 각지에서 참제자들이 사곡리 종택으로 모여들기 시작한다. 모래실 마을을 비롯하여 인근 보성군내에 살고 있는 후손들은 물론 멀리 광주에 살고 있는 대종회의 일을 보시는 연세 높은 어른들도 많이 오셨다.

제관들은 도착하는 순서대로 도기록에 주소와 성명 등을 기록하고 종손 및 족친끼리 서로 인사를 나누고, 선조의 위업을 기리는 위선사업이나 종친회의 현안 문제에 대하여 상의하며 시간을 보낸다.

이날 도기록에 등재된 제관은 20여명이었다. 옛날에 비하여 참제

축문쓰기

자들이 점점 줄어드는 것은 어느 곳이나 같은 현상이다. 저녁이 되면 참석한 제관들 중에서 항렬과 연령 등을 고려하여 헌관과 제집사를 선임하고 출주고사 및 축문도 수축한다. 초헌관은 당연히 15대 종손 박종업 씨(42세)가 되고, 아헌관은 광주에 살고 있는 13대손 박광호 씨(70세), 종헌관은 역시 광주에서 온 13대손 박형기 씨(66세)가 선임되었다. 축관은 사곡리에 살고 있는 한학자이며 예법에 밝은 박성학 씨가 담당키로 하였다.

진설

입제일 밤 11시경에 제청에 제상을 설치하고 진설을 시작한다. 제상 뒤쪽에 병풍을 치고 그 앞에 신주를 모실 교의를 놓는다. 병풍은 10폭이며, '문강공광탄상술회시'가 쓰여 있다. 제상 앞에는 향안을 마련하고, 그 위에 향로와 향합을 올려놓는다. 향안 앞에는 모사기와 퇴주기를 준비해둔다.

진설은 제상의 맨 앞줄에 과일을 놓고 그 뒤에 포와 소채 종류를 놓는다. 과일은 조율이시 네 가지 기본과일과 기타 은행, 사과, 귤 등 잡과를 섞어서 배열하였다. 포와 해를 양쪽 가장자리에 좌포우해의 배열로 놓고 그 사이에 각종의 숙채와 침채, 간장, 김치 등을 놓았다. 숙채는 도라지, 고사리, 숙주 등을 재료로 사용하였고, 그 뒤에는 각종 전을 놓았다. 이 종가에서는 제사에 반드시 수란을 쓰고 또 이 지방의 특산물인 꼬막을 올리는 것이 특징이다. 다음은 탕과 어육을 올린다. 가운데에 3탕을 놓고 어동육서의 배열로 왼쪽에 육적, 오른쪽에 어적을 진설하였다. 육적은 돼지고기와 닭고기를 사용하였고, 어적은 민어와 낙지를 사용하였다. 맨 뒷줄에는 가운데 시접을 중심으로 좌우에 잔반과 메와 갱을 놓고 양쪽 가장자리에 면과 편을 놓았다.

출주

사당에서 신주를 제청으로 모셔오는 의식을 출주라 한다. 자정이 되면 주인(종손) 이하 축관과 집사들이 사당의 외문을 거쳐 부조묘의 중문으로 들어간다.

사당의 내부는 중앙에 죽천의 불천위 감실이 모셔져 있고 동벽에 현 종손의 4대의 신주가 모셔져 있다.

제물을 진설하는 모습

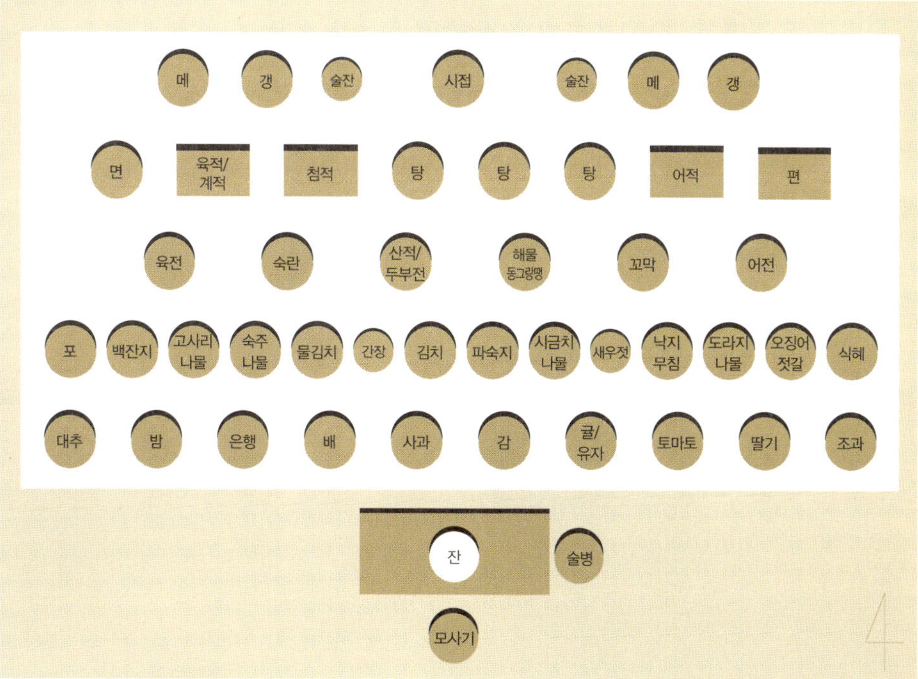

메 갱 술잔 시접 술잔 메 갱

면 육적/계적 첨적 탕 탕 탕 어적 편

육전 숙란 산적/두부전 해물동그랑땡 꼬막 어전

포 백잔지 고사리나물 숙주나물 물김치 간장 김치 파숙지 시금치나물 새우젓 낙지무침 도라지나물 오징어젓갈 식혜

대추 밤 은행 배 사과 감 귤/유자 토마토 딸기 조과

잔 술병

모사기

불천위제사 진설도

출주고사

먼저 주인이 불천위 전에 마련된 향안 전에 나아가 분향한 후 집사들과 함께 재배한다. 주인이 향안 앞에 꿇어앉으면 축관이 주인의 왼편에서 출주고사를 한다.

今以
금이

顯先祖考行通訓大夫軍資監正贈資憲大夫吏曹判書兼知義禁府事
현선조고행통훈대부군자감정증자헌대부이조판서겸지의금부사

成均館祭酒侍講院贊善五衛都摠府都摠管謚文康公府君 遠諱之
성균관좨주시강원찬선오위도총부도총관시문강공부군 원휘지

辰 敢請
신 감청

顯先祖考
현선조고

顯先祖妣贈貞夫人文氏神主 出就正寢廳事 恭伸追慕
현선조비증정부인문씨신주 출취정침청사 공신추모

지금 선조고 통훈대부 군자감정 증자헌대부 이조판서 겸 지의금부사성균관좨주 시강원찬선 오위도총부도총관 시문강공 부군의 신주를 청사로 모셔 공경히 추모의 뜻을 펴고자 감히 고하옵나이다.

출주고사가 끝나면 주인이 감실의 문을 열고 주독을 두 손으로 감싸 모시고 제청으로 향한다.

출주고사 후 주독을 들고 나오는 모습

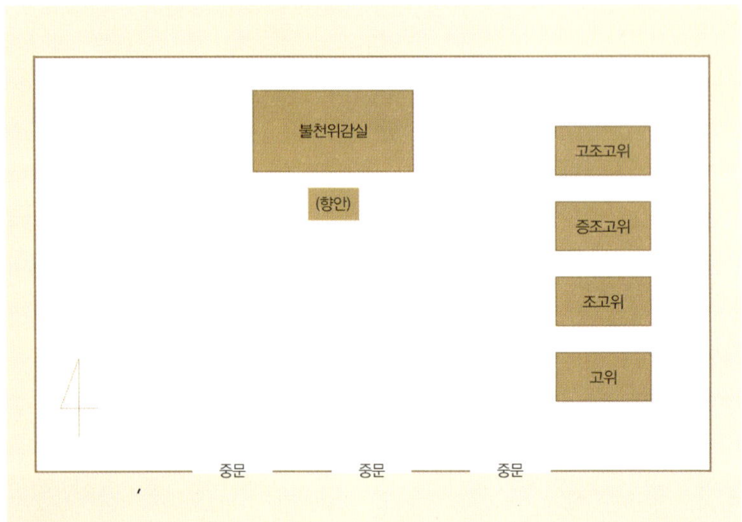

사당 내부 구조

제례 본절차

참신례

주인이 주독을 교의 위에 모시고 개독한다. 주독의 뚜껑을 열고 도韜를 벗긴다. 도는 비단으로 된 신주의 덮개인데, 왼쪽(서쪽) 청색이 고위이고, 오른쪽 홍색이 비위의 것이다. 신주 전면은 중앙에 고인의 관작과 친속관계 등 신위에 대한 사항이 종서로 묵서되어 있고 왼쪽 아래에는 봉사손이 방제되어 있다.

개독하는 모습

神主

고위 顯先祖考行通訓大夫軍資監正贈資憲大夫吏曹判書兼知義禁府事 成均館祭酒侍講院贊善五衛都摠府都摠管諡文康公府君神主

十五代孫鍾業奉 祀

비위 顯 先 祖 妣 贈 貞 夫 人 文 氏 神 主

十五代孫鍾業奉 祀

주인 이하 참제자 일동은 참신재배한다.

일반적으로 지방을 모시고 제사를 지낼 때는 강신을 먼저 한 후에 참신재배를 하고(선강후참), 신주를 모시고 지낼 때는 참신을 먼

참신례

분향

초헌례

저하고 강신례를 행한다(선참후강). 신주는 조상의 혼령이 깃들여 있는 신체로 간주하기 때문이다.

강신례

주인은 향안 앞에 나아가 꿇어앉아 분향 · 뇌주하여 강신례를 행한다. 향을 피워 하늘의 혼을 부르고 강신술을 모사에 부어 땅속의 백을 불러 혼백을 일치시키는 상징적인 의례이다. 먼저 향을 세 번 피우고 재배한다. 다음에 집사가 따라주는 강신술을 받아 모사에 붓고 일어나 재배한다. 모사는 모래에 띠풀을 꽂은 것으로 땅을 상징한다.

초헌 · 아헌 · 종헌

초헌은 신위께 첫 번째 잔을 올리는 순서로 초헌관은 반드시 주인이 된다.

주인이 향안 앞에 나아가 서면 좌집사가 고위 잔반을 내려 주인에게 준다. 주인은 우집사가 따라주는 술을 받아 고위전에 올린다. 이어서 같은 방법으로 비위의 잔을 올린 후, 향안 전에 꿇어앉는다. 좌우 집사는 각각 고위와 비위의 잔을 내려 주인의 좌우에 꿇어 앉는다. 주인은 먼저 고위의 잔을 받아 모사에 세 번 조금씩 붓고 좌 집사에게 주고, 다음 비위의 잔을 받아 좨주祭酒한 후 우집사에게 주면 좌우 집사들은 다시 신위전에 올린다.

다음은 적을 올리고(진적) 뚜껑이 있는 제수의 뚜껑을 연다(계반개). 적炙은 헌작시에 올리는 술안주인데 농어를 익혀서 올렸다.

전작

진적

계반개

독축

참제자들은 모두 부복하고, 축관이 헌관의 왼쪽에 꿇어앉아 축문을 읽는다.

維歲次乙酉十一月庚申朔十八日丁丑 孝十五代孫鍾業
유세차을유십일월경신삭십팔일정축 효십오대손종업

敢昭告于
감소고우

顯先祖考行通訓大夫軍資監正贈資憲大夫吏曹判書兼知義禁府事
현선조고행통훈대부군자감정증자헌대부이조판서겸지의금부사

成均館祭酒侍講院贊善五衞都摠府都摠管諡文康公府君
성균관좨주시강원찬선오위도총부도총관시문강공부군

顯先祖妣贈貞夫人文氏 歲序遷易
현선조비증정부인문씨 세서천역

顯先祖考 諱日復臨 追遠感時不勝永慕 謹以淸酌庶羞 恭伸奠獻 尙
현선조고 휘일부림 추원감시불승영모 근이청작서수 공신전헌 상

饗
향

을유년 11월(초하루의 간지는 경신) 18일(정축일) 15대손 종업은 선조고 통훈대부 군자감정을 역임하시고 자헌대부 이조판서 겸 지의금부사 성균관 좨주 시강원찬선 오위도총부도총관에 증직되신 문강공 부군과 선조비 증정부인 문씨께 감히 밝게 고하옵니다. 해의 차례가 바뀌어 선조고의 기일이 다시 돌아오니, 지난날의 감회가 깊고 깊어 추모하는 마음 금할 길이 없습니다. 이에 삼가 맑은 술과 여러 가지 음식을 차려 제향을 올리오니 흠향하시옵소서.

독축이 끝나면 모두 일어나고 주인은 재배한다. 좌우 집사들은 고위와 비위의 잔을 내려 퇴주기에 철주한 후 다시 제자리에 올려 놓고, 헌작 때 올린 적도 내린다.

아헌은 신위께 두 번째 잔을 올리는 순서로 절차는 아헌 때와 같고, 독축이 없다. 아헌은 광주에 살고 있는 13대손 박광호 씨가 담당하였다. 헌작하고 진적한 후 재배하고 물러난다.

종헌은 역시 광주에서 온 13대손 박형기 씨가 올렸다. 절차는 아헌 때와 같다. 종헌 후에는 철주, 철적하지 않는다.

유식

유식은 신에게 음식을 드시도록 권하는 절차로 첨작添酌, 삽시정저揷匙正箸의 순서로 진행된다. 첨작은 종헌 시에 올린 잔에 술을 가득 채우는 것을 말하고, 삽시정저는 숟가락을 메에 꽂고, 젓가락을 시접 위에 가지런히 놓는 것을 말한다.

초헌관이 향안전에 나아가 서서 우집사가 따라주는 잔을 받아 좌

첨작

삽시정저

집사에게 주어 고위 잔반에 첨작한다. 다시 술을 받아 우집사에게 주어 비위의 잔반에 첨작한다.

좌우 집사는 시접에서 숟가락을 들어 고위와 비위에 메에 꽂고, 젓가락은 시접 위에 가지런히 놓는다. 주인은 재배하고 물러난다.

합문 · 계문 · 진다 · 사신

다음은 신이 조용히 식사하도록 문을 닫고 밖에 나가는 합문 순서이다. 제청의 문을 닫고 모두 마루로 나가 부복한다. 구식경이라 하여 밥을 아홉 숟갈 뜨는 동안 경건한 마음으로 엎드려 조상을 추모한다. 잠시 후 축관이 일어나 세 번 기침을 하면 모두 일어나 문을 연다.

진다는 식사가 끝났으므로 차를 올리는 순서이다. 우리나라에서는 차가 귀하였기 때문에 차 대신에 숭늉을 올리는 것이 관행으로 되어왔다. 국그릇을 내리고 숭늉을 올리고 메의 숟가락을 내려 숭늉그릇에 걸쳐놓는다. 잠시 동안 조용히 묵념한 후, 수저를 내리고

합문

부복

(낙시), 뚜껑을 모두 덮는다(합반개).

신을 보내드리는 의례로 사신 재배함으로써 모든 의례가 끝난다. 주인은 주독을 닫아 사당으로 봉환하고 축관은 축문을 태운다(분축). 집사들은 철상하여 정침으로 날라, 음복 준비를 한다.

진다

분축

철상

음복

묘제

묘제 일시 및 장소

죽천선생의 묘제는 2005년 11월 10일(음력 10월 9일) 보성군 겸백면 사곡리 묘소에서 거행된다.

묘제의 대상은 지방과 가문에 따라 다소 다르게 지낸다. 기호지방에서는 보통 5대조 이상의 조상만을 대상으로 지내는 반면, 영남지방에서는 기제사를 지내는 4대조에 대하여 묘제를 지내는 집도 있다. 불천위의 경우 기제사를 지내기 때문에 묘제를 지내지 않는 가문도 있으나 이 종가에서는 죽천 묘소에도 묘제를 지내고 있다.

묘제를 지내는 시기는 전통예서에는 3월달에 택일하여 묘소에서 지내는 것으로 되어 있으나 우리나라에서는 오래 전부터 음력 10월 상달에 지내는 것이 관행으로 되어 왔다.

이날 묘제는 사곡리에 모셔진 6기의 묘소에 지낸다. 죽천의 조부모로부터 증손에 이르기까지 6세대의 묘소인데 묘표의 기록을 보면 다음과 같다.

① 조부모위 (諱 : 朴衎)

宣敎郞珍原朴公之墓

宜人金海金氏 祔

② 부모위 (諱 : 朴而誼)

成均進士珍原朴公之墓

孺人朗州崔氏 祔

③ 숙천 (諱 : 朴光前)

文康公竹川朴先生之墓

贈貞夫人文氏 祔

④ 장자 (諱 : 朴根孝)

通訓大夫長水縣監

贈司憲府執義 晩圃朴公 根孝之墓

淑人竹山安氏之墓

⑤ 장손 (諱 : 朴春秀)

連原道察訪贈承政院左承旨

我雖齋朴公之墓

贈淑夫人 廣州李氏 祔

⑥ 증손 : (諱 : 朴震亨)
從仕郎蓼川朴公之墓
孺人晉州鄭氏祔左
孺人宜寧南氏祔右

묘제준비

묘제의 준비는 묘소별로 후손들이 분담하여 제수를 준비한다. 옛날에는 묘소의 소재지별로 재사(재실)와 묘지를 관리하는 묘지기가 있고, 묘지기가 위토를 경작하여 제물을 준비하였는데, 지금은 위토를 경작하거나 남의 묘를 관리해 줄 사람이 없기 때문에 종손이나 문중에서 준비한다.

진원박씨 집안에서는 문중에서 묘소별로 위토를 분할하여 후손들에게 지급하여 경작케 하고, 묘제의 제수준비를 분담하게 하고 있다. 종손 혼자서 담당하는 일손도 덜어주고 조상제례를 공동으로 준비하여 동족으로서의 연대의식도 높여주는 효율적인 방식이라고 생각된다.

진설

묘제 당일 유사들은 미리 묘소에 가서 묘소 앞에 차일을 치고 배석拜席을 깔아놓는다. 향로석 위에 향로와 향합을 올려놓고 그 왼쪽에 축판과 퇴주기도 준비해 둔다. 묘소의 오른쪽에는 관세위도 마련한다.

10시경이 되면 묘소별로 제수를 준비한 후손들이 경운기에 제물을 싣고 묘소에 모여들기 시작한다. 대부분 보성군내 인근 마을에 거주하고 있는 후손들이다.

각자 담당 묘소 앞에서 짐을 풀고 상석 위에 진설을 시작한다. 제수의 종류와 규모, 장만한 솜씨도 조금씩 달라 마치 제물품평회와

제물을 진설하는 모습

같다. 모두들 정성을 다하였으며, 집안마다 조금씩 다른 차림새를 자손들이 함께 보고 배우는 교육적인 효과도 있다. 진설방법도 자기방식대로 조금 다르다. 틀린 점이 있으면 나중에 진설담당 집사가 전체적으로 바로잡아 준다.

각 묘소 앞 상석 위에 차린 진설내용은 대체로 다음과 같다.

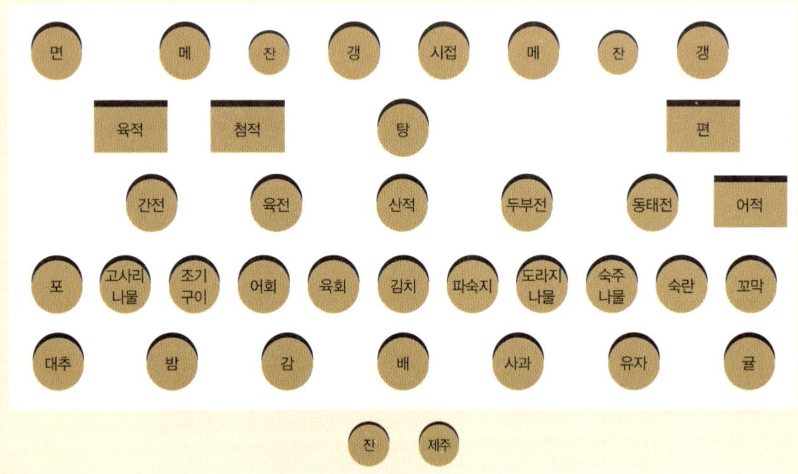

묘제 진설도

집사분정

전국 각지에서 참제자들이 다 모여들면 각 묘소별 헌관과 제집사를 분정한다.

시도기를 작성하고 있다.

참제자들은 도착하는 대로 '시도기時到記'에 계파와 이름, 그리고 주소와 연락처 등 인적 사항을 기록하고 족친들과 인사를 나눈다. 종손과 종중의 대표들은 시도기의 등재된 명단과 항렬 및 연령을 참조하여 각 위의 헌관과 축관 집례 등 제집사를 선임한다.

位別	初獻官	亞獻官	終獻官	祝官	執禮
衎(進士, 宣敎郎)	日在	晃柱	형율	德在	炯梓
而誼(成均館進士)	炯坤	泰衡	炅熙	光鎬	佑哲
光前(文康公)	鍾業	承柱	淞柱	佑春	性學
根孝(晩圃公)	영주	常文	炯春	佑卓	淙柱
春秀(我雖公)	昌柱	勝哲	용하	炯澤	鎔大

묘제 본절차

묘제 본절차는 11시경에 시작한다. 먼저 가장 위쪽의 죽천의 조부모위 묘소에서부터 시작하여 부모위묘소, 죽천묘소의 순서로 진행된다. 이날 참제자는 60여명에 이르렀다. 대부분 도포에 유건을 쓴 예복차림이다. 헌관들은 묘소의 왼쪽에 차례로 서고, 집례는 오른쪽에 자리하였다. 축관과 제집사들도 각자의 소임의 위치에 자리를 잡았다.

묘제의 순서는 대체로 기제사 때와 같으나 야외에서 지내는 특성상 몇 가지 다른 점이 있다.

첫째, 강신과 참신의 순서가 지방과 가문에 따라 조금씩 다르다. 일반적으로 기제사에서는 신주를 출주하여 지내는 경우에는 참신 → 강신의 순서로 행하고, 지방을 모시고 지내는 경우에는 강신 → 참신의 순서로 행한다. 묘제의 경우에는 예서에서조차 순서가 다르게 규정되어 있기 때문에 더욱 혼란스럽다. 『주자가례』나 『사례편람』등에는 선참신 후강신의 순서로 되어 있으나, 『격몽요결』「제의초」에는 선강신 후참신으로 되어 있기 때문이다.

둘째, 진설과 진찬은 의례를 시작하기 전에 한꺼번에 차린다. 기제사 때에는 출주 전에 과일과 채소를 미리 진설하고, 더운 음식은 강신례를 행한 후에 진찬하는 순서로 되어 있으나, 묘제 때에는 제물을 묘소로 옮겨가야 하기 때문에 한꺼번에 차린다.

셋째, 종헌 후에 유식, 합문, 계문, 진다의 절차없이 바로 사신재배한다.

넷째, 묘제 후에 토지지신에게 후토제를 지낸다.

집례 박형재 씨의 홀기 창홀에 따라 의례가 진행된다.

초헌관이 위전에 나아가 강신례를 행하고 이어서 참신례를 행한다. 초헌관은 16대손 박일재 씨이다. 초헌관은 관세위에 가서 손을 씻고 향안전에 나아가 분향하고 재배한다. 집사가 따라주는 술을 받아 땅에 붓고 일어나 재배하고 물러난다. 참제자 일동이 두 번 절함으로써 참신례를 행한다.

다음은 헌작 순서이다. 초헌관이 위전에 나아가 고위의 반잔을 들고 동향하여 서서 집사자가 따라주는 술을 받아 고위전에 올린다. 같은 방법으로 비위전에 잔을 올린다. 초헌관이 위전에서 북향하여 꿇어앉으면 좌우 집사가 고위와 비위의 반잔을 내려 초헌관의 좌우에 꿇어앉는다. 초헌관은 잔반을 받아 술을 땅에 세 번 나누어 조금씩 붓고 집사에게 주어 신위전에 올린다. 집사는 육적을 시접 앞에 올린다. 메의 뚜껑을 열고 삽시정저한다. 기제사 때는 종헌 후에 유식 때에 첨작하고 삽시정저하는데 묘제에는 유식 절차가 없기 때문

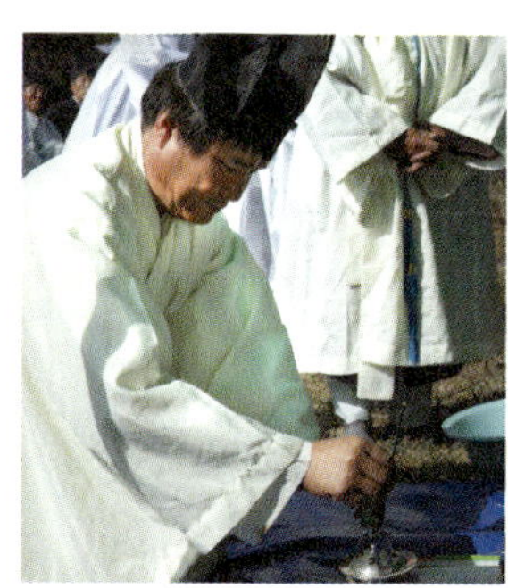
분향

뇌주

삽시정저

독축

에 초헌 때에 삽시정저를 한다.

참제자들은 모두 부복하고, 축관이 초헌관의 왼편에서 축문을 읽는다.

維歲次乙酉十月庚寅朔初九日戊戌 十六代孫日在
유세차을유시월경인삭초구일무술 십육대손일재

敢昭告于
감소고우

顯十六代祖考宣教郎府君
현십육대조고선교랑부군

顯十六代祖妣宜人金氏之墓 歲薦一祭 禮有中制
현십육대조비의인김씨지묘 세천일제 예유중제

履玆霜露 彌增感慕 謹以淸酌庶羞 祗薦歲事 尙
이자상로 미증감모 근이청작서수 지천세사 상

饗
향

을유년 10월(초하루의 간지는 경인) 초9일(무술일) 16대손 일재는 현16대조고 선교랑 부군과 현16대조비 의인김씨의 묘에 감히 밝게 고하옵니다. 1년에 한번 제사를 올리는 것이 예법이온데, 이제 서리가 내려 사모하는 마음이 간절하여 삼가 맑은 술과 여러 가지 음식을 차려 세사를 올리오니 흠향하시옵소서.

축문 낭독이 끝나면 초헌관은 일어나 재배하고 자리에 돌아간다. 집사들은 반잔을 내려 퇴주기에 술을 비우고, 진적 시에 올렸던 육적을 내린다.

이어서 같은 순서로 아헌례와 종헌례를 행한다. 절차는 초헌례 때와 같고 독축은 없다. 헌작 후에 육적 대신에 어적을 올리는 것이 다르다. 어적은 계절의 진미인 전어구이를 올렸다. 종헌 후에는 철주, 철적하지 않고 그대로 둔다.

종헌이 끝나면 진다 절차로서 집사자는 국그릇을 내리고 숭늉을 올린다.

잠시 동안 서 있다가 수저를 내리고 메 뚜껑을 닫는다. 합문, 계문의 절차가 생략된다. 예서에는 진다 절차도 없고 종헌 후 바로 사신하는 것으로 되어 있으나, 기제사 때와 같이 철갱하고 숙수를 올리기도 한다.

초헌관 이하 참제자 일동이 사신 재배함으로써 예를 마친다. 축관은 축문을 태운다.

이어서 그 아래에 있는 죽천의 부모위의 묘제가 같은 절차로 진

진다

분축

행되고, 다음은 죽천선생 묘제 차례이다. 모든 절차는 역시 앞에서와 같은데, 초헌관은 15대 종손 박종업 씨가 되고 축문의 내용이 조금 다르다.

維歲次乙酉十月庚寅朔初九日戊戌 十五代孫鍾業
유세차을유시월경인삭초구일무술 십오대손종업

敢昭告于
감소고우

顯先祖考行通訓大夫軍資監正贈資憲大夫吏曹判書兼知義禁府事
현선조고행통훈대부군자감정증자헌대부이조판서겸지의금부사

成均館祭酒侍講院贊善五衞都摠府都摠管謚文康公府君
성균관좨주시강원찬선오위도총부도총관시문강공부군

顯先祖妣贈貞夫人文氏之墓 氣序流易 霜露既降
현선조비증정부인문씨지묘 기서유역 상로기강

爰掃封塋 不勝感慕 謹以淸酌庶羞 祗薦歲事 尙
원소봉영 불승감모 근이청작서수 지천세사 상

饗
향

을유년 10월(초하루의 간지는 경인) 초9일(무술일) 15대손 종업은 선조고 통훈대부 군자감정을 역임하시고 자헌대부 이조판서 겸 지의금부사성균관좨주 시강원찬서 오위도총부도총관에 증직되신 문강공 부군과 선조비 증 정부인 문씨의 묘소에 삼가 고하옵니다. 계절이 차례로 바뀌어 벌써 이슬과 서리가 내렸기에 묘를 깨끗이 하면서 생각하니 추모하는 마음 간절합니다. 삼가 맑은 술과 여러 음식으로 공손히 세사를 올리오니 흠향하시옵소서.

죽천은 불천위이기 때문에 기제사도 지내고 묘제도 지내므로 축문 형식이 앞의 경우와 좀 다르다. 이 축식은 『주자가례』를 비롯한 예서에 나와 있는 가을철에 지내는 묘제의 축문형식으로 '氣序流易霜露旣降'이라 표현되어 있는데, 앞의 축문은 기제사를 지내지 않고 1년에 한번 묘제만 지내기 때문에 '歲薦一祭'라는 문구가 사용되었다.

이어서 죽천의 아들, 손자, 증손자의 묘소까지 모두 6대에 걸친 묘제가 모두 끝나면 산신제를 지낸다. 산신제는 묘역을 수호해주는 토지신에게 드리는 제사이기 때문에 정확하게는 후토제이다.

제단은 묘역의 우측 후사면에 마련하였다. 산신제를 묘제보다 먼저 지내는 지방도 있지만 여기서는 예서에 나와 있는 대로 묘제 후에 산신제를 올렸다. 제수는 묘제보다는 좀 간소하게 차렸다. 과일을 몇 가지 앞에 놓고 뒤에 적과 편을 놓았다.

산신제 상차림

절차는 강신 → 참신 → 헌작 → 사신의 순서로 진행하였다.

예서와 홀기에는 초헌 · 아헌 · 종헌 하는 것으로 되어 있으나 실제로는 한 잔만 올리는 단헌으로 하였다. 헌관은 박일재 씨가 담당하였다.

維歲次乙酉十月庚寅朔初九日戊戌 幼學朴日在
유세차을유시월경인삭초구일무술 유학박일재

敢昭告于
감소고우

산신제 지내는 모습

산신제 독축

土地之神 日在 恭修歲事 于先祖考妣之墓
토지지신 일재 공수세사 우선조고비지묘

惟時保佑 實賴神休 敢以酒饌 敬伸奠獻 尙
유시보우 실뢰신휴 감이주찬 경신전헌 상

饗
향

을유년 10월(초하루의 간지는 경인) 초9일(무술일) 유학 박일재는 토지지신께 감히 고하옵니다. 일재는 선조고비의 묘에 공경히 세사를 올리고자 하오니 신의 가호를 입도록 해 주시기 바랍니다. 감히 맑은 술과 안주를 차려 제사 드리오니 흠향하시옵소서.

묘제홀기 墓祭笏記

●성소省掃

主人以下盛服詣墓所(주인이하성복예묘소) **주인 이하 성복하고 묘소로 간다**

灑掃塋域訖復位再拜(쇄소영역흘복위재배)

묘소 주변을 청소하고 돌아와 재배한다

●집사執事

執禮 一人(집례 1인)

唱忽 一人(창홀 1인)

答唱 一人(답창 1인)

祝 一人(축 1인)

陳設 二人(진설 2인)

奉爵 二人(봉작 2인)

奠爵 二人(전작 2인)

司尊 一人(사준 1인)

餕 二人(준 2인)

●서립敍立

主人於位前北向立(주인어위전북향립) **주인은 위전에서 북향하여 선다**

衆丈夫以年行尊卑立于獻官之後重行西上(중장부이연항존비입우헌관지후중행서상)

제관들은 연령과 항렬의 순서로 헌관 뒤에 서쪽을 상위로 하여 줄지어 선다

執事者在主人之左右 左西上右東上(집사자재주인지좌우 좌서상우동상)

집사자는 주인의 좌우에 서되, 왼쪽은 서쪽을 상위로 하고 오른쪽은 동쪽을 상위로 한다

●진기陳器

用新潔席進於墓前(용신결석진어묘전) **깨끗한 자리를 묘 앞에 깐다**

設香案於位前 置香爐香盒於其上 爐西盒東(설향안어위전 치향로향합어기상 노서합동) **향안을 위전에 설치하고, 그 위에 서쪽에 향로를, 동쪽에 향합을 놓는다**

置卓子于東階上(치탁자우동계상) **탁자를 동계 위에 설치한다**

設酒注盞盤熟水器鹽楪於其上(설주주잔반숙수기염첩어기상)

술주전자, 잔반, 숙수기, 소금 접시를 그 위에 놓는다

又置火爐於西階上而備暖酒及炙肝(우치화로어서계상이비난주급적간)

화로를 서계 위에 놓고, 따뜻한 술과 적간을 준비한다

別置卓子於其西 設祝板於其上(별치탁자어기서 설축판어기상)

그 서쪽에 별도의 탁자를 놓고, 그 위에 축판을 놓는다

設盥盆帨巾於東階下(설관분세건어동계하)

동계 아래에 세수대야와 수건을 설치한다

●강신降神

主人升(주인승) 주인은 위전에 오르시오

○焚香再拜少退立(분향재배소퇴립) 분향 재배하고 조금 물러나시오

○執事者盥手帨手(집사자관수세수) 집사자는 손을 씻으시오

○一人實酒于注(일인실주우주) 집사자 일인은 주전자에 술을 담으시오

○一人取東階卓子上盤盞立于主人之左(일인취동계탁자상반잔입우주인지좌) 집사자 일인은 동계 탁자 위의 반잔을 들고 주인의 왼편에 서시오

○一人執注立于主人之右(일인집주입우주인지우)

집사자 일인은 주전자를 들고 주인의 오른편에 서시오

○主人跪(주인궤) 주인은 꿇어앉으시오

○奉盤盞者跪進盤盞(봉반잔자궤진반잔)

반잔을 든 집사자는 반잔을 주인에게 주시오

○主人受之(주인수지) 주인은 반잔을 받으시오

○執注者跪斟酒于盞(집주자궤침주우잔)

주전자를 든 집사자는 잔에 술을 따르시오

○主人左手執盤右手執盞灌于地上(주인좌수집반우수집잔관우지상)

주인은 왼손으로 잔받침을 들고, 오른손으로 잔을 들어 땅위에 술을 부으시오

○以盤盞授執事者(이반잔수집사자) 반잔을 집사자에게 주시오

○執事者反注及盤盞於故處(집사자반주급반잔어고처)

집사자는 주전자와 반잔을 본래의 자리에 놓으시오

○先降復位(선강복위) 집사자는 먼저 자리에 돌아가시오

○主人俛伏興再拜降復位(주인면복흥재배강복위)

주인은 몸을 굽혀 엎드렸다가 일어나 두 번 절하고 자리에 돌아가시오

●참신參神

主人以下再拜(주인이하재배) 주인 이하 모두 두 번 절하시오

●초헌初獻

主人盥手帨手升(주인관수세수승) 주인은 손을 씻고 위전에 오르시오

○執事者盥手帨手(집사자관수세수) 집사자는 손을 씻으시오

○一人執注立于主人之右(일인집주입우주인지우)

집사자 일인은 주전자를 들고 주인의 오른편에 서시오

○主人奉考位盤盞於位前東向立(주인봉고위반잔어위전동향립)

주인은 고위의 반잔을 받들고 위전에서 동향하여 서시오

○執事者西向立斟酒于盞(집사자서향립침주우잔)

집사자는 서향하여 서서 잔에 술을 따르시오

○主人奉奠于故處(주인봉전우고처)

주인은 잔을 받들어 원래의 자리에 올리시오

○妣位盤盞亦如之(비위반잔역여지) 비위의 반잔도 같은 방법으로 올리시오

○執事者反注故處(집사자반주고처)

집사자는 주전자를 원래의 자리에 놓으시오

○主人於位前北向立(주인어위전북향립) 주인은 위전에서 북향하여 서시오

○執事者一人奉考位盤盞立於主人之左(집사자일인봉고위반잔입어주인지좌)

집사자 일인은 고위의 반잔을 받들고 주인의 왼편에 서시오

○執事者一人奉妣位盤盞立於主人之右(집사자일인봉비위반잔입어주인지우)

집사자 일인은 비위의 반잔을 받들고 주인의 오른편에 서시오

○主人跪(주인궤) 주인은 꿇어앉으시오

○執事者跪(집사자궤) 집사자도 꿇어앉으시오

○主人受考位盤盞左手執盤右手執盞三祭于地上(주인수고위반잔좌수집반우수집잔 삼제우지상) 주인은 고위의 반잔을 받아 왼손으로 잔받침을 들고, 오른손으로 잔을 들어 땅위에 세 번 부으시오

○以盤盞授執事者(이반잔수집사자) 반잔을 집사자에게 주시오

○執事者反之故處(집사자반지고처) 집사자는 원래의 자리에 올려놓으시오

○主人受妣位盤盞亦如之(주인수비위반잔역여지) 주인은 비위의 반잔을 받아 같은 방법으로 올리시오

○俛伏興少退立(면복흥소퇴립)

몸을 굽혀 엎드렸다가 일어나 조금 물러서시오

○執事者奉炙肝楪奠于匙筯之南(집사자봉적간첩전우시저지남)

집사자는 적간을 받들어 시저 앞쪽에 올리시오

○啓飯盖(계반개) 밥그릇의 뚜껑을 여시오

○扱匙正筯(삽시정저) 삽시정저하시오

○降復位(강복위) 집사자는 자리에 돌아가시오

○主人以下跪(주인이하궤) 주인 이하 모두 꿇어앉으시오

○祝取板立於主人之左(축취판입어주인지좌)

축은 축판을 들고 주인 왼편에 서시오

○東向跪讀(독향궤독) 동향하여 꿇어앉아 축문을 읽으시오

○讀畢置祝板於香案上(독필치축판어향안상)

독축이 끝나면 축문을 향안 위에 놓으시오

○降復位(강복위) 축은 자리에 돌아가시오

○主人再拜降復位(주인재배강복위) 주인은 두 번 절하고 자리에 돌아가시오

○執事者以他器徹酒及肝置盞故處(집사자이타기철주급간치잔고처)

집사자는 퇴주기에 술을 비우고, 적간을 내리고, 잔을 원래의 자리에 올려놓으시오

●아헌亞獻

亞獻盥手帨手升(아헌관수세수승) 아헌은 손을 씻고 위전에 오르시오

○執事者盥手帨手(집사자관수세수) 집사자는 손을 씻으시오

○一人執注立于亞獻之右(일인집주입우아헌지우)

집사자 일인은 주전자를 들고 아헌의 오른편에 서시오

○亞獻奉考位盤盞於位前東向立(아헌봉고위반잔어위전동향립)

아헌은 고위의 반잔을 받들고, 위전에서 동향하여 서시오

○執事者西向立斟酒于盞(집사자서향립침주우잔)

집사자는 서향하여 잔에 술을 따르시오

○亞獻奉之奠于故處(아헌봉지전우고처)

아헌은 잔을 받들어 원래의 자리에 올리시오

○妣位盤盞亦如之(비위반잔역여지) 비위의 반잔도 같은 방법으로 올리시오

○執事者反注故處(집사자반주고처) 집사자는 주전자를 원래의 자리에 놓으시오

○亞獻於位前北向立(아헌어위전북향립) 아헌은 위전에서 북향하여 서시오

○執事者一人奉考位盤盞立於亞獻之左(집사자일인봉고위반잔입어아헌지좌) 집사자 일인은 고위의 반잔을 받들고, 아헌의 왼편에 서시오

○執事者一人奉妣位盤盞立於亞獻之右(집사자일인비고위반잔입어아헌지우) 집사자 일인은 비위의 반잔을 받들고, 아헌의 오른편에 서시오

○亞獻跪(아헌궤) 아헌은 꿇어앉으시오

○執事者跪(집사자궤) 집사자도 꿇어앉으시오

○亞獻受考位盤盞左手執盤右手執盞三祭于地上(아헌수고위반잔좌수집반우수집잔삼제우지상) 아헌은 고위의 반잔을 받아 왼손으로 잔받침을 들고, 오른손으로 잔을 들어 땅위에 세 번 부으시오

○以盤盞授執事者(이반잔수집사자) 반잔을 집사자에게 주시오

○執事者反之故處(집사자반지고처) 집사자는 원래의 자리에 올려 놓으시오

○亞獻受妣位盤盞亦如之(아헌수비위반잔역여지) 아헌은 비위의 반잔을 받아 같은 방법으로 올리시오

○俛伏興少退立(면복흥소퇴립) 몸을 굽혀 엎드렸다가 일어나 조금 물러서시오

○執事者奉炙肝楪奠于匙筯之南(집사자봉적간첩전우시저지남) 집사자는 적간을 받들어 시저 앞쪽에 올리시오

○亞獻再拜(아헌재배) 아헌은 두 번 절하시오

○降復位(강복위) 자리에 돌아가시오

○執事者以他器徹酒及肝置盞故處(집사자이타기철주급간치잔고처) 집사자는 퇴주기에 술을 비우고, 적간을 내리고, 잔을 원래의 자리에 올려놓으시오

●종헌終獻

終獻盥手帨手升(종헌관수세수승) 종헌은 손을 씻고 위전에 오르시오

○執事者盥手帨手(집사자관수세수) 집사자는 손을 씻으시오

○一人執注立于終獻之右(일인집주입우종헌지우)

집사자 일인은 주전자를 들고 종헌의 오른편에 서시오

○終獻奉考位盤盞於位前東向立(종헌봉고위반잔어위전동향립)

종헌은 고위의 반잔을 받들고, 위전에서 동향하여 서시오

○執事者西向立斟酒于盞(집사자서향립침주우잔)

집사자는 서향하여 잔에 술을 따르시오

○終獻奉之奠于故處(종헌봉지전우고처)

종헌은 잔을 받들어 원래의 자리에 올리시오

○妣位盤盞亦如之(비위반잔역여지) 비위의 반잔도 같은 방법으로 올리시오

○執事者反注故處(집사자반주고처)

집사자는 주전자를 원래의 자리에 놓으시오

○終獻於位前北向立(종헌어위전북향립) 종헌은 위전에서 북향하여 서시오

○執事者一人奉考位盤盞立於終獻之左(집사자일인봉고위반잔입어종헌지좌)

집사자 일인은 고위의 반잔을 받들고, 종헌의 왼편에 서시오

○執事者一人奉妣位盤盞立於終獻之右(집사자일인봉고위반잔입어종헌지우)

집사자 일인은 비위의 반잔을 받들고, 종헌의 오른편에 서시오

○終獻跪(종헌궤) 종헌은 꿇어앉으시오

○執事者跪(집사자궤) 집사자도 꿇어앉으시오

○終獻受考位盤盞左手執盤右手執盞三祭于地上(종헌수고위반잔좌수집반

우수집잔삼제우지상) 종헌은 고위의 반잔을 받아, 왼손으로 잔받침을 들고,

오른손으로 잔을 들어 땅위에 세 번 부으시오

○以盤盞授執事者(이반잔수집사자) 반잔을 집사자에게 주시오

○執事者反之故處(집사자반지고처) 집사자는 원래의 자리에 올려놓으시오

○終獻受妣位盤盞亦如之(종헌수비위반잔역여지)

종헌은 비위의 반잔을 받아 같은 방법으로 올리시오

○俛伏興少退立(면복흥소퇴립)

몸을 굽혀 엎드렸다가 일어나 조금 물러서시오

○執事者奉炙肝楪奠于匙筯之南(집사자봉적간첩전우시저지남)

집사자는 적간을 받들어 시저 앞쪽에 올리시오

○終獻再拜(종헌재배) 종헌은 두 번 절하시오

○執事者徹羹(집사자철갱) 집사자는 국그릇을 내리시오

○主人進熟水(주인진숙수) 주인은 숭늉을 올리시오

○復位(복위) 자리에 돌아가시오

○立少遲(입소지) 잠시동안 서 있으시오

○執事者下匙筯闔飯蓋(집사자하시저합반개)

집사자는 수저를 내리고 밥그릇의 뚜껑을 닫으시오

●사신辭神

主人以下再拜(주인이하재배) 주인 이하 두 번 절하시오

○焚祝文(분축문) 축은 축문을 태우시오

●철徹

●사토신祀土神

主人以下及執事者俱詣墓左(주인이하급집사자구예묘좌)

주인 이하 집사자 모두 묘소 왼편으로 간다

進饌降神參神初獻亞獻終獻辭神乃徹並如上儀(진찬강신참신초헌아헌종헌사신내철병여상의) **진찬, 강신, 참신, 초선, 아헌, 종헌, 사신 및 철은 모두 위의 예법과 같다**

제3장

죽천 박광전 종가의 제사음식

종가의 식생활 환경

전라남도 보성군은 소백산맥의 한 지맥이 뻗어내려 높고 낮은 봉우리가 있으며, 웅치면 대산리 제암산에서 발원한 보성강이 군을 가로질러 섬진강에 유입된다. 또한 남해안과 접해 있어 그 영향으로 겨울이 따뜻하고 아침 · 저녁으로 안개가 많으며, 비가 많이 내린다.

이러한 자연환경의 영향으로 감 · 비자 · 차 · 유자의 농산물과 오징어 · 숭어 · 낙지 · 대나무 · 꼬막 · 피조개 · 바지락 등의 수산물이 많다.[1]

그 중에서도 유자와 꼬막 등은 이 지역에서 제사음식으로 빠지지 않는 특산품이다. 지역에서 생산하고 수확한 농 · 수산물은 보성장(2, 7일), 벌교장(4, 9일) 등을 통해서 유통되었다.

1_ 민족문화추진회, 『신증동국여지승람 Ⅴ』 제 40권, 「보성군」.

죽천 박광전의 종가는 보성군의 겸백면 사곡리(모래실)에 있다. 이곳에는 노종부 안삼현 씨(74세)가 홀로 종가를 지키고 있다.

노종부 안삼현

이번 제사에서는 노종부 안삼현 씨와 둘째 며느리 임남숙 씨(37세)가 제물을 담당했다. 첫째 며느리도 참석해야 했지만 아이들의 등교문제로 제사가 있을 때면 며느리들이 교대로 참여한다.

불천위제사 음식

죽천 박광전(1526~1597)은 조선 중기에 퇴계의 문하에서 학문을 닦아 호남 퇴계학맥을 계승한 성리학자로 임진왜란에는 의병을 모으기도 했다. 1597년 음력 11월 18일에 돌아가셨는데, 그의 사후 1610년(광해군 2)에 승정원 좌승지 겸 경연참찬관에 증직되었고, 후에 다시 이조판서에 추증되고 보성 용산서원에 제향되었다.

다음은 제물을 마련하기 위한 경비마련, 장보기, 제사음식 만들기와 담기, 진설과 제사의례, 음복에 관한 구체적 내용이다.

장보기

이 종가에서는 불천위제사를 지내기 위한 경비를 종가에서 부담한다. 보성장이나 마트를 이용하기 때문에 장날에 미리 나가서 조금씩 좋은 물건을 구입해서 창고에 넣어둔다. 그래서 제사를 지내기 위해서 따로 날을 받아서 장을 보러 가지는 않았다.

제사음식 만들기와 담기

이 종가에서 제물로 사용하는 음식의 목록은 제주, 메, 갱, 면, 탕, 식혜, 포, 숙란, 꼬막, 전(육전, 어전, 산적과 두부전, 해물 동그랑땡), 적(어적, 육적과 계적, 첨적), 10첩 반상(백잔지, 고사리나물, 도라지나물, 파숙지, 숙주나물, 물김치, 김치, 시금치나물, 낙지무침, 오징어젓갈), 양념장(간장, 새우젓), 실과(밤, 대추, 은행, 사과, 감, 배, 토마토, 귤과 유자, 딸기), 조과(약과, 유과, 과자, 다식)이다.

제물의 조리방법은 다음과 같다.

제주

제주는 가정에서 따로 제조하지 않고 청주를 구입해서 사용했다.

메

일반 가정에서 밥을 하듯이 짓는데 음복할 것까지 넉넉하게 한다.

갱

미역국을 끓여서 갱으로 사용했다. 쇠고기와 미역을 적당히 썰어두었다가 냄비에 쇠고기를 넣고 먼저 볶다가 물을 붓는다. 물이 끓으면 위에 뜨는 기름을 걷어내고 불린 미역을 넣고, 간장이나 소금으로 간을 한다.

편

편으로 설기, 인절미, 웃지지를 사용한다.

설기와 인절미는 하루전날 방앗간에서 만들어서 완성품으로 도착한다. 나머지는 찹쌀가루 80%에 멥쌀가루 20%를 섞어서 갈아오는데, 이것으로 웃지지를 만든다. 가루에 물을 섞고 반죽을 해서 동그랗게 떼어둔다. 이것을 기름 두른 팬에 놓고 꾹꾹 눌러 납작하게 만들고, 한쪽이 익으면 반대쪽도 익힌다. 그 위에 거피한 팥을 삶은 다음, 설탕을 넣어 조린 소를 넣는다. 이번에는 미리 소를 준비하지 못해서 반죽을 작게 잘라서 한 조각씩 넣었다. 소를 넣은 다음 길쭉한 모양이 되도록 반죽을 접고 그 위에 쑥갓, 대추, 쑥 등으로 얹어서 장식을 한다. 그러나 제사에는 깨끗하게 해서 올리므로 장식을 하지 않았다.

편을 괴는 모습

편을 괼 때는 목기에 설기 9켜, 인절미 3켜, 웃지지 9개의 순으로 괸다. 설기와 인절미는 하루 전날 만들어 두었다가 사용하는데, 꾸들꾸들해지면 칼로 썰기가 좋아지기 때문이다.

면

면으로 사용하는 국수는 과거에는 직접 만들었으나 시간이 오래 걸리고 노력이 많이 들기 때문에 구입해서 쓴다.

면

탕

탕에는 쇠고기, 낙지, 두부, 당근, 무 등 적당한 크기로 썰어 넣고 물을 부어 끓이다가 계란을 풀어 넣고 간을 한다. 탕의 재료는 고정적인 것이 아니라 상황에 따라 바뀔 수도 있는데, 이번에는 여기에 햄, 맛살 등도 넣었다.

탕은 3그릇으로 하는데, 오목한 그릇에 국물과 건더기를 한꺼번에 담아둔다.

식혜

멥쌀로 고두밥을 지어두고, 엿기름가루는 물에 주물러 빤 후, 물만 고운체에 거른다. 엿기름물과 밥을 섞은 후, 설탕을 약간 넣어서 간을 맞춘 다음 전기밥솥에서 4~5시간 정도 삭힌다. 밥알이 동동 뜨면 완성된 것이다.

식혜

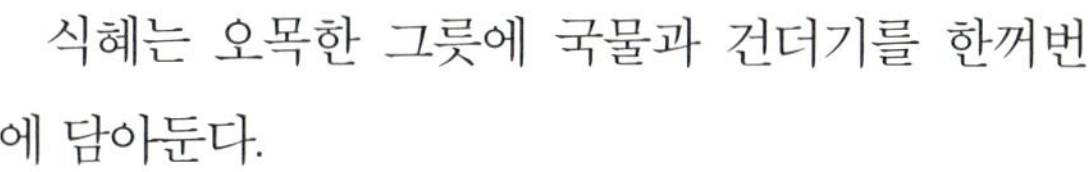
식혜는 오목한 그릇에 국물과 건더기를 한꺼번에 담아둔다.

포

이 댁에서는 바다가 가까워서 비교적 해산물을 구하기가 쉽기 때문에 포의 재료를 한 가지만 고집하지 않고 여러 종류를 한꺼번에 사용한다. 특히 상어포는 오래전부터 사용해 왔다고 한다.

괼 때는 목기 위에 상어포, 오징어포, 북어, 육포, 문어 다리의 순으로 괸다.

포

숙란

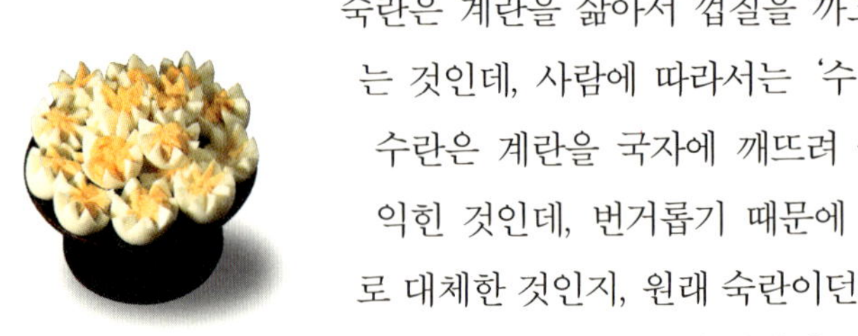

숙란은 계란을 삶아서 껍질을 까고 반 잘라서 올리는 것인데, 사람에 따라서는 '수란'이라고도 한다. 수란은 계란을 국자에 깨뜨려 물 속에서 은근히 익힌 것인데, 번거롭기 때문에 숙란(삶은 계란)으로 대체한 것인지, 원래 숙란이던 것을 발음의 편의상 수란이라고 하는 것인지 확인이 어렵다.

숙란

꼬막

꼬막은 인근 바닷가에서 채취한 싱싱한 것으로 골라서 제사음식에 올리는데 보기보다 삶는 과정이 쉽지 않다.

끓는 물에 꼬막을 넣고 한쪽 방향으로 저어주면서 삶는데, 다른 방향으로 저으면 안 된다. 약간 덜 익었더라도 꼬막을 꺼내두면 뜨거운 열기에 의

꼬막

해서 익게 된다.

전

전으로 육전, 어전, 산적과 두부전, 해물 동그랑땡을 사용했다.

● 육전

돼지고기를 덩이째 삶아서 적당한 크기로 썰고 밀가루, 계란을 씌워 프라이팬에 구워낸 것이다.

목기에 담을 때는 육전만 소복이 담아낸다.

● 어전

동태를 포로 떠서 밀가루, 계란을 씌워 프라이팬에 구워낸 것이다. 목기에 담을 때는 육전만 소복이 담아낸다.

● 산적과 두부전

산적은 맛살, 햄, 파 등을 꼬치에 꿰어 밀가루, 계란을 씌워 프라이팬에 구워낸 것이다.

두부전은 두부를 크기대로 썰어서 프라이팬에 구워낸 것이다.

목기에는 산적을 가로세로 20cm 정도로 썰어서 담고, 그 위에 두부전을 가지런히 얹는다.

● 해물 동그랑땡

새우, 오징어 다지고, 두부를 꼭 짜서 넣고, 양파, 마늘, 당근을 잘게 썰어서 물을 짜내고 넣는다. 밀가루는 넣지 않고, 부침가루를 조금 넣을 때도 있다. 많이 묽어지면 피망이나 깻잎에 싸서 만들어도 된다. 이번에는 조금만 만들었기 때문에

해물 동그랑땡

그냥 동그랗게 만들어서 밀가루(부침가루), 달걀의 순으로 입혀서 기름 두른 팬에 부친다.

적

적으로 어적, 육적과 계적을 사용했다.

● 어적

민어를 배는 가르지 않고 입으로 내장을 꺼내고 꼬리만 자른다. 깨끗이 씻은 다음 입에서 꼬리 쪽으로 꼬치를 꿰어 둔다. 낙지는 깨끗이 씻어서 나무젓가락을 꿰고 다리는 나무젓가락에 감아둔다. 민어와 낙지가 준비되면 찜통에 넣고 실고추를 얹은 다음 쪄낸다.

목기에 담아낼 때는 민어를 4마리와 그 위에 낙지 4마리를 얹는다.

● 육적과 계적

돼지고기와 쇠고기는 덩이째 끓는 물에 넣어서 핏물이 배어나지 않을 정도로 삶고, 닭고기는 찜통에서 쪄낸다.

어적

육적

계적

목기에 담아낼 때는 돼지고기와 쇠고기를, 그 위에 닭고기를 얹는다. 계란 지단을 부쳐서 곱게 채로 썬 다음 그 위에 장식한다.

● 첨적

초헌, 아헌, 종헌에 사용할 첨적으로 농어를 사용하는데, 어적에 사용하는 민어와 같은 방법으로 만들어서 1마리를 3토막으로 낸다.

10첩 반상

10첩 반상으로 올라가는 것은 백잔지(무나물), 고사리나물, 도라지나물, 파숙지, 숙주나물, 물김치, 김치, 시금치나물, 낙지무침, 오징어젓갈이다. 반드시 10가지를 고집할 필요는 없고, 형편이나 상황에 맞게 5가지 혹은 7가지로 하면 무방하다.

● 백잔지

이 댁에서는 채로 써는 것을 '잔지'라고 하는데, 무를 채로 썰어서 만든 나물이므로 백잔지라고 한다. 무를 채로 썰어서 참기름을 넣고 볶다가 소금으로 간한다.

● 고사리나물

고사리는 물에 담가두었다가 질긴 부분을 잘라낸 다음 프라이팬에 기름을 두르고 볶는다. 간장과 물을 약간 부어 고사리가 익도록 뚜껑을 덮어 둔다.

10첩 반상

● 도라지나물

도라지는 끓는 물에 데쳐서 맛소금, 깨, 참기름을 넣고 양념한다.

● 파숙지

파를 끓는 물에 살짝 데쳐서 손가락 정도의 길이로 접어서 돌돌 감아 둔 것이다.

● 숙주나물

녹두를 끓는 물에 데쳐서 맛소금, 깨, 참기름을 넣고 양념한다.

● 물김치

미리 만들어둔 물김치가 있을 경우에는 그것으로 사용하지만, 이번에는 미리 만들어둔 것이 없었기 때문에 새로 만들었다. 무를 가로세로 2cm로 납작하게 썰어서 무가 잠길 정도로 물을 붓고 소금으로만 간한다.

● 김치

배추는 하루쯤 전에 소금에 절여두었다가 깨끗이 씻어서 멸치젓, 황석어젓, 청각, 고춧가루, 마늘, 간장, 소금 등으로 양념한 속을 넣는다.

● 시금치나물

시금치는 깨끗이 다듬어서 끓는 물에서 재빨리 데친다. 간장, 깨, 참기름 등을 넣고 양념한다.

● 낙지무침

낙지는 깨끗이 씻어 두었다가 끓는 물에 소금을 약간 넣고 데친 다음 적당한 크기로 잘라 둔다.

● 오징어젓갈

오징어젓갈은 완성품을 구입해서 사용하므로 따로 조리과정이 필요하지는 않다.

10첩 반상이 완성되면 뚜껑이 있는 그릇에 담는다. 물김치, 김치, 오징어젓갈을 제외한 반찬에는 실고추를 얹어서 장식을 해 두었다가 뚜껑을 덮어둔다.

양념장

양념장으로 간장, 새우젓 두 가지를 사용했다.

간장은 종지에 담고 통깨를 조금 뿌려두었다.

새우젓은 종지에 담고 고춧가루, 다진 파, 통깨를 넣고 섞어두었다.

새우젓과 간장

실과

실과로 밤, 대추, 은행과 사과, 감, 배, 토마토, 귤과 유자, 딸기를 사용했다.

밤은 겉껍질과 속껍질을 벗겨 물에 담가두었다가 목기 위에 소복하게 괸다.

대추는 목기 위에 소복하게 괸다.

은행은 프라이팬에 기름과 함께 넣고 볶다가 소금을 넣고 간한다. 이것을 깨끗한 종이에 붓고 문질러 은행 속껍질을 벗겨내고 꼬치에 꿴다. 원래는 목기에 소복하게 괴어서 사용했지만, 괴기가 힘들었기 때문에 안삼현 씨가 꼬치에 꿰어서 괴었다.

과일로 사과, 감, 배, 토마토, 귤, 유자, 딸기를 사용하는데, 깨끗하게 씻어서 각각 목기에 괸다.

사과는 목기 위에 4개, 그 위에 1개를 올려두는데, 맨 위에 올리는 것만 아래위를 도려낸다.

감은 목기 위에 4개, 그 위에 1개를 올려두는데, 맨 위에 올리는 것만 아래위를 도려낸다.

배는 목기 위에 4개, 그 위에 1개를 올려두는데, 맨 위에 올리는 것만 아래위를 도려낸다.

토마토는 목기 위에 4개, 그 위에 1개를 올려둔다.

밤 대추 은행 사과

감 배 유자 딸기

귤과 유자는 각각 다른 그릇에 담았으나 공간이 부족해서 하나의 목기에 같이 담아내는데, 유자를 얹고 그 위에 귤을 얹었다. 맨 위에 두는 귤껍질을 일부 벗겨내고 올린다.

딸기는 목기 위에 소복이 담아낸다.

조과

조과로 약과, 유과, 과자(쿠키), 다식을 준비하는데, 이 중 다식은 지름 4cm 정도의 약과로 대신했다.

과거에는 집에서 만들던 것이었는데, 요즘은 안삼현 씨의 몸이 좋지 않아서 구매해서 사용했다.

과자와 약과

임남숙 씨가 시집을 왔을 당시에는 시어머니가 갖가지 음식을 만드는 것을 보았는데, 약 10년 전에 안삼현 씨의 남편이 사망한 뒤로는 집에서 만드는 음식이 줄어들었다. 임남숙 씨에 의하면 "남편(둘째 아들)이 어릴 적만 하더라도 제사가 없는 집의 아이들이 (남편을) 무척 부러워했다. 당시에는 먹을 것이 귀한 시절이었는데, 이 댁에는 제사가 많아서 먹을 것이 끊어지는 날이 없었기 때문이다. 항상 친구들이 찾아오면 떡이며 식혜며, 수정과, 물엿 등을 먹을 수 있어서 지금도 친구들을 만나면 (당시의) 이야기를 한다."고 하니 제사음식의 규모와 조

유과

상을 섬기는 정성에 대해 짐작해 볼 수 있다.

조과는 원래 각각 다른 그릇에 담아냈으나 공간이 부족해서 하나의 목기에 담아냈는데, 유과, 약과, 과자, 다식의 순으로 소복이 얹었다.

진설과 제사의례

낮에 미리 제청을 청소하고 제사에 필요한 도구를 꺼내어 정리해 둔다. 11월 18일 11시경에 다음과 같이 준비한 제물을 진설해 둔다. 10첩 반상의 경우에는 특별한 규칙이 있는 것은 아니지만, 나물류는 왼편에, 해물류는 오른편에 둔다. 상 옆에는 잔, 모사기, 술병 등 제사에 필요한 도구 외에 첨적으로 사용할 농어 3토막은 따로 둔다.

제사는 약 30분간 진행되는데 맨 먼저 1차 진설을 하고 사당으로 가서 신위를 모셔오면 본 절차로 들어간다. 참신례, 강신례, 초헌례, 아헌례, 종헌례, 유식례, 합문례, 계문례, 진다례, 사신례, 철상, 음복례의 순으로 진행된다.

초헌례에는 술과 농어 1토막을 올리고 뚜껑이 있는 그릇은 모두 뚜껑을 연다. 아헌례, 종헌례에는 각각 술과 농어 1토막씩을 올린다. 유식례에는 첨잔을 하고 집사가 메에 숟가락을 바로 세워 꽂고, 젓가락을 가지런히 한다. 진다례에는 숭늉을 올리고 숟가락을 걸쳐 놓는다. 사신례에는 축문을 태우고 신위를 사당으로 모시고 간다. 그러면 철상을 하고 음복례를 준비한다.

박광전 불천위 상차림

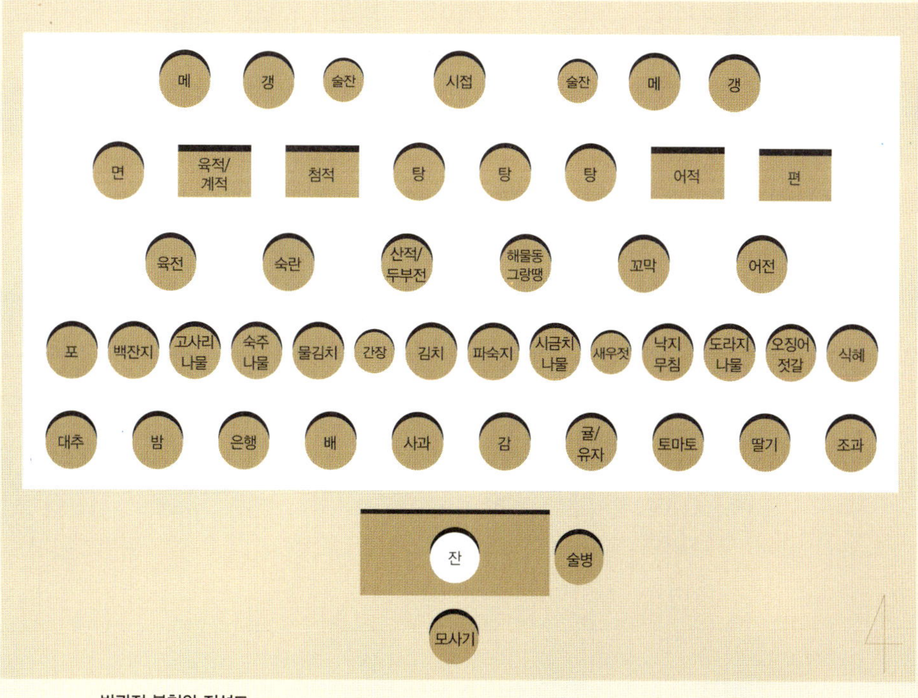

메	갱	술잔	시접	술잔	메	갱								
면	육적/계적	첨적	탕	탕	탕	어적	편							
육전	숙란	산적/두부전	해물동그랑땡	꼬막	어전									
포	백잔지	고사리나물	숙주나물	물김치	간장	김치	파숙지	시금치나물	새우젓	낙지무침	도라지나물	오징어젓갈	식혜	
대추	밤	은행	배	사과	감	귤/유자	토마토	딸기	조과					

잔 | 술병

모사기

박광전 불천위 진설도

음복하기

제물을 모두 물려서 음복상을 준비하는데 메는 나물과 섞어서 비빔밥을 만들어 나눠먹는다. 제물은 모두 조금씩 싸서 집으로 돌아가는 사람들에게 나눠준다. 과거에는 교통편이 좋지 않아서 제사를 지내고 화산재에서 잠을 자고 돌아갔으나 요즘은 차를 가진 사람이 많아서 제사를 마치고 바로 돌아가는 경우가 대부분이다.

불천위묘제 음식

죽천 박광전의 묘제는 음력 10월 9일(2005년 11월 10일) 보성군 겸백면 사곡리의 묘소에서 지냈다. 여기에는 박광전의 조부모부터 증손에 이르기까지 6세대의 묘소가 있는데, 묘제에 사용할 제물을 안삼현 씨가 모두 마련했다. 그러나 혼자 힘으로 묘제를 지내기가 힘들었기 때문에 몇 년 전부터 파별로 나눠서 준비하게 되었다.

죽천 박광전의 묘제 제물은 3년 전부터 장순옥 씨(53세)가 마련하는데, 과거에 그의 시어머니가 묘제 음식을 준비하는 것을 보고 배웠다. 장순옥 씨가 시집올 당시에는 묘제에 사용하는 제물이 '거짓말 좀 보태서 사람의 키 높이가 되도록 했다' 고 하니 제물의 규모를 짐작할 만하다.

장보기

장순옥 씨 댁에서는 제위답 800여 평을 관리하고 소출의 일부를 내놓는데, 올해는 제비로 60만원 정도 사용했다. 장을 볼 때는 한꺼번에 마련하는 것이 아니라 보성장이 열리는 날에 좋은 제물을 조금씩 마련한다. 상하지 않는 것은 미리 구입하여 보관을 해 두고 생선이나 육류 등 상하기 쉬운 것은 묘제에 임박해서 구입한다.

생선은 농어, 조기, 민어, 양태, 전어 등을 주로 쓰는데, 양이 많기 때문에 구입 후 씻고 간을 해서 햇볕에 널어 하루 정도 말린 뒤에 사용한다.

제물 준비

제물은 대개 하루 전날 만들기 때문에 11월 9일에 주로 행해졌다. 묘제 당일인 11월 10일에는 메, 갱, 탕과 같이 따뜻하게 올리는 음식이나 메찬을 만들었다.

제물의 목록은 메, 갱, 제주, 탕, 편, 면, 적(육적, 어적, 침적), 전(동태전, 육전, 간전, 두부전, 산적), 포, 메찬(고사리나물, 조기구이, 어회, 육회, 김치, 파숙지, 도라지나물, 숙주나물), 숙란, 꼬막, 실과(대추, 밤, 감, 사과, 배, 유자, 귤)이다.

제물을 만드는 방법은 불천위제를 지낼 때와 같으므로 차이가 있는 탕, 편, 적, 전, 메찬에 관한 것만 소개한다.

탕

과거에 묘제를 지낼 때는 3탕을 썼다. 닭고기, 돼지고기 등을 삶아 육수를 내고, 찹쌀을 동그랗게 빚어서 새알심을 만들어 육수에 넣고 끓인 다음 육수를 낼 때 삶았던 고기를 썰어 고명으로 얹었다. 이때 새알심은 많이 넣지 않았다. 요즘은 새알심을 만들기가 번거롭기 때문에 국수를 넣는 경우도 있다.

탕

이번에는 준비한 탕은 물이 끓을 때 닭고기, 새우, 무, 두부, 오징어를 넣고 끓인 다음 소금으로 간을 하고, 탕기에 건더기만 담은 다음 계란지단을 위에 올렸다.

편

● 웃지지

이 종가에서는 편을 괼 때 위에 얹는 장식으로 사용하는 웃기떡으로 웃지지[2]를 사용한다. 찹쌀과 멥쌀이 8:2의 비율이 되도록 섞은 다음 씻어서 물에 담가 두었다가 가루로 빻는다. 물을 넣고 반죽을 해 두고, 거피한 팥은 소금을 넣고 간을 한 다음 삶아서 으깬다. 반죽을 동그랗게 빚은 다음 기름을 두른 프라이팬에 지름 10cm가 되도록 손가락으로 편다. 반죽의 한가운데 一자로 소를 넣고 가장자리를 두 번 정도 접어 소를 잘 감싼 다음 당근의 잎을 얹어

2_ '우찌지' 라고도 하며, 찹쌀가루에 쑥색, 분홍색 등으로 각각 익반죽하여 경단처럼 빚어 기름에 지진 떡의 총칭.

편

장식한다.

● 본편

본편으로는 설기, 인절미, 절편을 사용했으나 요즘은 인절미와 절편만 쓴다. 인절미는 구워먹고 절편은 잘라서 떡국을 끓여먹는 등으로 사용되지만 설기는 요즘 사람들이 잘 먹지 않기 때문이다. 본편은 모두 방앗간에서 만들어 오는데, 설기는 멥쌀가루와 거피 팥고물을 켜켜이 쪄서 만들고, 인절미는 찹쌀로, 절편은 멥쌀로 한다. 원래 본편은 3일간 굳혀서 단단해지면 칼로 잘라서 괴었다고 하는데, 요즘은 사람들이 떡이 굳어지면 먹지 않기 때문에 반나절 정도 굳혀서 괴는데 지장이 없을 정도만 한다.

편을 괼 때는 목기에 설기, 인절미, 절편, 웃지지의 순으로 한다.

면

면은 시중에서 구입해서 삶은 뒤 건더기만 담아둔다.

적

적으로 어적, 육적, 첨적을 준비했다.

어적으로 사용하는 생선은 양태, 농어, 민어 3가지였다. 원래 조기를 사용하기도 하는데 이번에는 물이 좋지 않아서 구입하지 않았다. 생선은 깨끗이 손질하고 씻어서 간을 한 다음 햇볕에 하루 정도

말렸다가 찜통에 댓잎을 깔고 그 위에 얹는다. 실고추, 거피한 깨를 뿌리고 찜통에서 쪄 낸다. 어적을 괼 때는 양태, 농어, 민어의 순으로 한다.

육적으로 돼지고기를 사용했는데, 돼지다리를 큰 솥에 넣고 7~8시간 정도 삶아서 속까지 잘 익힌다. 괼 때는 목기에 돼지다리를 얹고 계란 지단으로 장식한다.

첨적으로는 전어를 사용하는데 어적을 만들 때와 동일하게 만든다. 첨적은 목기에 얹어서 한쪽에 두었다가 사용한다.

전(간납)

전으로 동태전, 육전, 간전, 두부전, 산적을 준비했다.

동태전은 포를 뜬 동태를 구입해서 소금, 후추로 간을 하고 밀가루, 계란의 순으로 옷을 입힌 다음 기름을 두른 프라이팬에 지져낸 것이다.

육전은 돼지고기를 포를 떠서 소금, 후추로 간을 하고, 밀가루, 계란 노른자의 순으로 옷을 입힌 다음 기름을 두른 프라이팬에 지져낸 것이다.

간전은 돼지 간을 썰어서 소금, 후추로 간을 하고, 밀가루, 계란의 순으로 옷을 입힌 다음 기름을 두른 프라이팬에 지져낸 것이다.

두부전은 두부를 길이대로 썰어서 소금을 약간 뿌려둔 다음 밀가루, 계란 흰자의 순으로 옷을 입히고 기름을 두른 프라이팬에 지져낸 것이다.

산적은 당근, 파 등을 20cm 정도의 일정한 크기로 썰고, 돼지고

동태전

육전

간전

두부전

기는 소금과 다진 마늘로 양념해서 꼬치에 꿴 다음 밀가루, 계란의 순으로 옷을 입힌 다음 기름을 두른 프라이팬에 지져낸 것이다.

전(간납)은 5가지를 마련했지만, 어른들이 제사를 지낼 때면 '6간납 이상은 준비해라' 고 했다.

메찬

메찬으로 고사리나물, 조기구이, 어회, 육회, 김치, 파숙지, 도라지나물, 숙주나물을 준비했다.

고사리나물, 김치, 파숙지, 도라지나물, 숙주나물은 불천위제사에

메찬

서 사용했던 제물과 만드는 방법이 같다.

조기는 깨끗이 손질하고 씻어서 기름을 두른 프라이팬에 구워낸 다음 적당한 크기로 잘랐다.

어회는 주꾸미를 끓는 물에 데치고 적당한 크기로 잘라 참기름, 소금 등 양념을 넣고 무친 것이다.

육회는 쇠고기를 곱게 채로 썰어서 참기름, 소금 등 양념을 넣고 무친 것이다.

포의 경우에는 원래 육포를 만들어서 사용했지만 요즘은 번거로워서 생략하고 문어와 상어를 사용한다. 조과의 경우 원래 건시, 약과, 유과 등을 사용했으나 요즘은 사용하지 않는데, 집에서 만들지 않고 구입하는 관계로 사람의 손을 타는 음식은 더럽다고 여기기 때문이다. 실과의 경우에는 기제사 때와는 달리 껍질을 벗기지 않고 그대로 사용했다.

묘제지내기

10시경이 되면 묘소별로 제수를 준비한 사람들이 모이는데, 각자 담당한 묘소의 상석에 제물을 진설한다. 이날은 박광전의 조부모, 박광전의 부모, 박광전 내외, 박광전의 장자내외, 박광전의 장손내외의 묘제만 모셨다. 묘제는 11시경에 시작해서 윗대에서 아랫대의 순으로 행해졌는데, 묘제가 끝나고 산신제를 1번만 지낸다.

박광전 조부모의 묘소에는 박일재 씨(70세)가 제물을 준비했는데, 제물의 규모와 진설에 약간의 차이가 있을 뿐 박광전의 것과 별 차이가 없었다. 다만, 초헌에는 계란 흰자위로 지단을 부쳐 올린 전어적, 아헌에는 계란 노른자위로 지단을 부쳐 올린 전어적, 종헌에는 계란 흰자위로 지단을 부쳐 올린 돼지고기를 사용했다는 점이 달랐다.

박광전 부모의 묘소에는 박우식 씨(56세)가 제물을 준비했는데, 초헌에는 돼지고기, 아헌에는 민어, 종헌에는 전어를 올렸다.

박광전의 묘소에는 박우주 씨(56세)가 제물을 준비했는데, 초헌에는 돼지고기, 아헌에는 전어, 종헌에는 조기를 썼다. 제물의 상차림은 아래와 같다.

묘제를 지내는 방법과 순서는 대체로 기제사 때와 같다.

박광전 장자의 묘소에는 박두재 씨(68세)가 제물을 준비했는데, 초헌에는 병어, 아헌과 종헌에는 조기를 올렸다.

박광전 장손의 묘소에는 박창주 씨(74세)가 제물을 준비했는데, 초헌, 아헌, 종헌 모두 조기를 썼다.

박광전 묘소 상차림

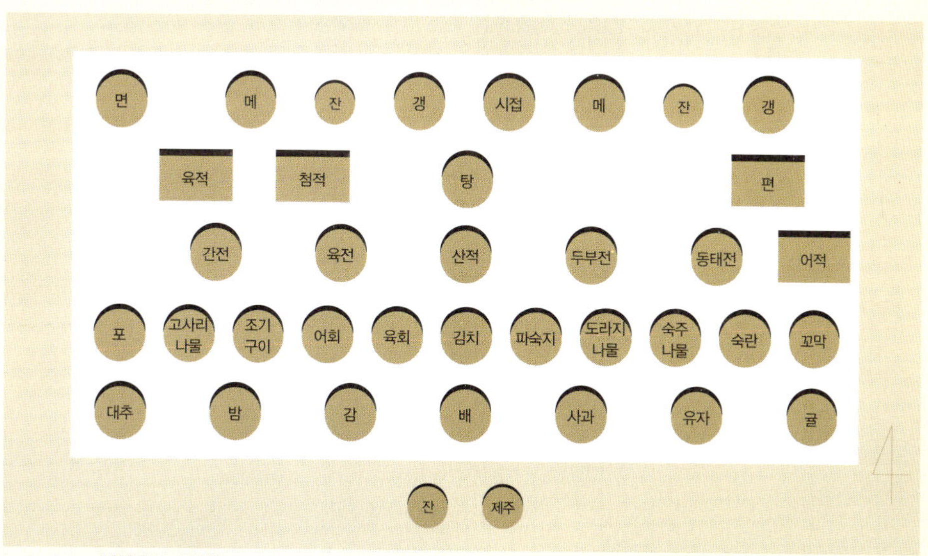

박광전 묘제 진설도

묘제가 모두 끝나면 산신제를 지내기 위해서 상석에 제물을 준비한다. 산신제의 제물로는 제주, 돼지머리, 꼬막, 편(설기, 인절미), 대추, 배, 귤, 유자, 사과를 사용했으며, 묘제에 올린 것보다는 비교적 간소하다. 산신에게 올리는 제물은 껍질을 벗기지 않고 올리는데, 자세한 상차림은 다음과 같다.

산신제 제물

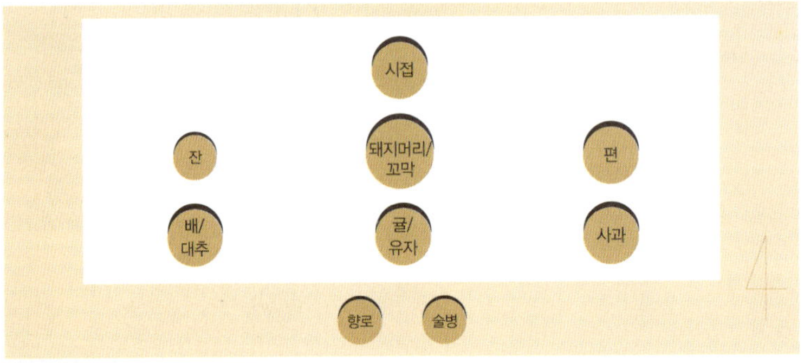

산신제 제물 진설도

음복하기

묘제가 모두 끝나면 묘소 한 쪽에 제물을 분류해 두고, 떡국과 제사에 사용한 전, 나물, 제주 등으로 음복을 한다. 음복이 끝나면 참석한 사람들에게 제물을 일일이 나눠준다.

음복

제사음식의 특징

죽천 박광전 종가의 불천위제에서는 지역적인 특성을 고려해 해산물을 제물로 많이 사용했다. 뿐만 아니라 우리나라의 최남단에 위치했으며 남해안이라는 지역적인 특성으로 따뜻한 지역에서 재배를 하는 비자 · 차 · 유자 등의 농산물도 사용했다.

꼬막의 경우 벌교에서 채취되는 것이 유명해서 제사음식으로 사용하는데, 장성군의 하서 김인후 종가에서는 이를 해과海果[3]로 여겨 과일果열에 놓기도 한다. 언제 기록된 것인지는 정확하지 않지만 대대로 전해지는 제사의 진설도에 기록된 점을 든다면 제사에 꼬막을 사용한 예는 최소한 지금으로부터 몇 대를 거슬러 올라감을 알 수 있다.

유자의 경우 지금은 6~70대가 된 분들의 기억 속에서 제사나 집

3_ 국립민속박물관, 『한국의 제사』, 2003, 122쪽.

안에 큰 일이 있으면 사용하는 중요한 제물이었다. 유자가 정확히 언제부터 우리나라에서 재배되었는지 정확히 알 수는 없으나 『세종실록』[4]에 "…그 중에 도마다 생산되지 않는 유자와 감자柑子는 전라도와 경상도의 연변인 여러 고을에서 포깃수를 재배하게 하고…"라는 구절로 보아 그보다 더 오래전부터 이 지역에서 재배했음을 알 수가 있다.

꼬막과 유자 이외에도 경상도, 경기도 등에서는 잘 사용하지 않는 상어포를 포의 재료로 사용하는 등 남해안과 인접한 종가의 특성을 나타낸다.

제사상차림에 있어서는 숙채, 침채 등 나물을 진설하는 열에 10첩 반상이라고 해서 숙채와 침채 등을 비롯한 각종 반찬류를 올린다는 점이 특이하다.

4_ 『세종실록』 권31 세종 8년 2월 무진, "…其中每道不産柚子, 柑子, 於全羅, 慶尙道沿邊客官…"

참고문헌

『가례집람』, 『상례비요』

『격몽요결』

『백례축집』

『사례편람』

『주자가례』

경북대학교퇴계연구소, 『퇴계문하의 인물과 사상』, 2000.

경북지역사연구소, 『안동역사 바로보기』, 안동문화연구회, 2000.

경상북도예절교육연구회, 『알기쉬운 전통예절』, 한빛, 1998.

고영진, 『조선중기 예학사상사』, 한길사, 1996.

국립민속박물관, 『한국의 제사』, 2003.

권영한, 『관혼상제』, 전원문화사, 2001.

권오흥, 『유교와 석전』, 성균관, 2004.

김득중, 『실천예절개론』, 교문사, 2004.

김용덕, 『사람과 문화』 통권 69호, 「신시장 문어골이야기」, 청솔, 2005.

김일철 외, 『종족마을의 전통과 변화』, 백산서당, 1998.

김창선, 『상례와 제례』, 자유문고, 2002.

류희걸, 『안동에 왔니껴』, 한빛, 1999.

민족문화추진회, 『신증동국여지승람 Ⅲ』.

보백당선생문집간행소, 『보백당선생실기』, 1990.

보백당장학문화재단, 『보백당선생약전』, 1998.

석전교육원, 『교양예기』, 2005.

안동대학교 안동문화연구소, 『안동역사문화기행』, 푸른역사, 2003.

안동대학교민속연구소 『제사와 문화』, 1999.

안동문화원, 『안동문화』, 2004.

안동민속박물관, 『안동의 제사』, 2001.

유승국, 『한국의 유교』, 세종대왕기념사업회, 1999.

윤천근, 『안동의 종가』, 지식산업사, 2001.

윤학준, 『양반』, 효리, 2000.

이순형, 『한국의 명문종가』, 서울대학교출판부, 2000.

이연자, 『명문종가를 찾아서』, 컬처라인, 2002.

이연자, 『종가이야기』, 컬처라인, 2001.

이영춘, 『차례와 제사』, 대원사, 1994.

임돈희, 『조상제례』, 대원사, 1990.

임재해, 『전통상례』, 대원사, 1990.

장철수, 『한국의 관혼상제』, 집문당, 1997.

조용헌, 『명문가 이야기』, 푸른역사, 2000.

조준하, 『윤리도덕교본』, 성해문화사, 2003.

중앙일보사, 『성씨의 고향』, 1983.

지두환, 『조선전기 의례연구』, 서울대학교출판부, 1996.

최길성, 『한국의 조상숭배』, 예전사, 1987.

최완기, 『한국성리학의 맥』, 느티나무, 1993.

한국문화재보호재단, 『우리의 전통예절』, 2001.

한종수, 『관혼상제례』, 명문당, 1994.

한형주, 『조선초기 국가제례 연구』, 일조각, 2003.

Roger L. Janelli · 임돈희 저, 김성철 역, 『조상의례와 한국사회』, 일조각, 2000.

『가례집람』, 『상례비요』
『격몽요결』
『백례축집』
『사례편람』
『세종실록』
『주자가례』
경상북도예절교육연구회, 『알기쉬운 전통예절』, 한빛, 1998.
고영진, 『조선중기 예학사상사』, 한길사, 1996.
국립민속박물관, 『한국의 제사』, 2003.
권영한, 『관혼상제』, 전원문화사, 2001.
권오흥, 『유교와 석전』, 성균관, 2004.
김득중, 『실천예절개론』, 교문사, 2004.
김창선, 『상례와 제례』, 자유문고, 2002.
민족문화추진회, 『신증동국여지승람 V』.
박광전, 『국역 죽천집』, 신조사, 2003.
박성봉, 『박죽천연구논총』, 문강공죽천박광전선생기념사업회, 2004.
석전교육원, 『교양예기』, 2005.
안동대학교민속연구소, 『제사와 문화』, 1999.
안동민속박물관, 『안동의 제사』, 2001.
유승국, 『한국의 유교』, 세종대왕기념사업회, 1999.

윤천근, 『안동의 종가』, 지식산업사, 2001.

윤학준, 『양반』, 효리, 2000.

이순형, 『한국의 명문종가』, 서울대학교출판부, 2000.

이연자, 『명문종가를 찾아서』, 컬처라인, 2002.

이연자, 『종가이야기』, 컬처라인, 2001.

이영춘, 『차례와 제사』, 대원사, 1994.

임돈희, 『조상제례』, 대원사, 1990.

임재해, 『전통상례』, 대원사, 1990.

장철수, 『한국의 관혼상제』, 집문당, 1997.

조용헌, 『명문가 이야기』, 푸른역사, 2000.

조준하, 『윤리도덕교본』, 성해문화사, 2003.

중앙일보사, 『성씨의 고향』, 1983.

지두환, 『조선전기 의례연구』, 서울대학교출판부, 1996.

최길성, 『한국의 조상숭배』, 예전사, 1987.

최완기, 『한국성리학의 맥』, 느티나무, 1993.

한국문화재보호재단, 『우리의 전통예절』, 2001.

한종수, 『관혼상제례』, 명문당, 1994.

한형주, 『조선초기 국가제례 연구』, 일조각, 2002.